Sagesses nomades

Sagesses nomades

Yann Coirault

- 2018 -

*A mes enfants, Clément, Charlotte, Camille et
Corentin*

*A Karine, ma compagne pour son aide, son
soutien, ses suggestions pertinentes et ses
élégantes illustrations*

Table des matières

Prologue

Il suivait le lit d'une rivière à sec depuis une heure. La chaleur y était pesante, la marche rendue délicate par les éboulis et les pierres instables. Il avait hésité à prendre ce raccourci mais cela lui permettait d'arriver avant la nuit. Il grimpa une dernière côte sur laquelle serpentait un chemin tracé par les hommes, les yaks et les mulets et s'arrêta pour contempler la vue qui lui était offerte : une infinité ocre, un plateau somptueux avec, au fond, la barrière himalayenne, un cirque immense, époustouflant. Au loin il vit des yaks, un petit mulet et un homme, seules présences vivantes dans ce désert minéral. Il reprit sa route et insensiblement se rapprocha du nomade assis près d'un feu. Passant près de lui, il lui sourit. Le nomade lui rendit son sourire et lui fit signe de s'asseoir à côté de lui. Le voyageur engagea la conversation en Anglais. Le nomade lui répondit et lui fit signe de s'asseoir.

– D'où venez-vous ? dit le nomade.

– Je viens de France.

– Ah ! La France ! Paris ! La Tour Eiffel ! J'aimerais tant y aller un jour.

– Vous avez déjà voyagé en dehors de votre pays ? demanda le voyageur, curieux de savoir comment cet homme connaissait Paris.

– Non ! Malheureusement.

– Et vous connaissez Paris ?

– Je connais Paris de nom. Des moines d'ici avaient accompagné le Dalaï Lama à l'occasion d'un voyage en Europe. Alors, ils nous en avaient parlé. Ils avaient trouvé la ville très belle.

– Oui. Très belle. Il y a toujours quelque chose de nouveau à y découvrir. Et vous ? D'où venez-vous ?

– Moi, je suis d'ici et d'ailleurs, sourit le nomade. Mon village est loin d'ici. Je suis venu chercher de nouvelles bêtes pour mon élevage.

– Vous êtes éleveur de yaks ?

– Oui, fit le nomade.

– Je peux me permettre une question ? se risqua le voyageur.

Le nomade lui servit du thé.

– Bien sûr, lui répondit le nomade, qui se concentrait sur son service.

– Merci pour votre hospitalité, dit le voyageur en prenant le gobelet de thé brulant dans ses mains. Je suis curieux de savoir comment vous vivez ? Je marche, et quand je marche, je ne vis pas les choses de la même manière que d'habitude. Alors comme j'ai la chance de rencontrer un véritable nomade, j'aimerais comprendre votre mode de vie.

– Ah bien ! fit le nomade un peu surpris.

– Qu'est-ce qui vous différencie, par exemple, d'un habitant de Bombay qui ne se déplace que pour les vacances – j'en ai rencontré beaucoup qui viennent ici pour passer quelques jours ?

– Oui. C'est une région très recherchée pour ses paysages, ses occasions de trekking et de ressourcement spirituel. J'en rencontre ici qui viennent de l'Inde toute entière mais aussi de plus loin encore … comme vous, fit le nomade en souriant. Je vous remercie de vous intéresser à notre mode de vie. Je ne sais pas si je répondrai complètement à votre question, mais je vais vous dire ce dont je suis fier parce que ce sont mes ancêtres qui me l'ont légué.

Le voyageur but une gorgée de thé et se concentra sur la réponse du nomade.

– Eh bien, je pense d'abord que ce qui nous différencie, c'est la relation que nous avons avec l'espace et le temps. Comme nous n'avons pas d'espace à nous, ce qui nous importe d'abord c'est le temps qui passe. Vous savez ? Lorsqu'on va quelque part, on dit « Combien de temps reste-t-il avant d'arriver ? » et non « Combien de kilomètres avant d'arriver ? ». Et le temps, bizarrement, devient notre espace. Quand vous bougez, c'est le temps de déplacement qui est important, pas la distance. Je suis sûr que vous raisonnez aussi comme ça quand vous marchez.

– Absolument, fit le voyageur, chez qui cette réflexion résonnait beaucoup, sans en comprendre complètement les conséquences. Je fais cela tous les jours en ce moment. Mon premier réflexe c'est d'avoir des indications de temps et non de distance. La progression peut être très dépendante des dénivelés ou des obstacles à franchir, surtout à pied, que connaitre la distance importe peu.

– Oui, et c'est curieux quand on y réfléchit un peu. C'est comme si bouger demandait à notre esprit de se focaliser sur le temps plus que sur l'espace. Le mouvement rend libre, même lorsqu'on est immobile. Lorsque je suis dans les hauteurs, même si je suis contraint de rester là où mes bêtes ont de quoi manger, rien que l'idée de pouvoir partir d'un moment à l'autre me remplit de joie.

3

–Quelle magnifique sensation en effet ! approuva le voyageur. Je la
ressens à chaque fois que je mets mon sac sur mon dos et que je
commence un nouveau voyage. Les pensées que j'ai alors sont des
pensées libres. Choisir sa destination, son itinéraire, ses étapes, le
moment et le lieu où bivouaquer, tout ceci est très grisant. Penser que
ce programme peut être bouleversé au gré d'une rencontre, d'une envie
ou d'un imprévu nourrit aussi ce sentiment d'entière liberté.
Le nomade regardait le voyageur parler avec des yeux rieurs.
  –Et ne trouvez-vous pas qu'alors on se sent plus léger ? interrogea le
nomade. A s'envoler au moindre souffle d'air ? Et cela renforce ce qui
me semble être très particulier aux nomades.
  –Quoi donc ? fit le voyageur.
  –Le poids que nous portons. Un nomade doit marcher léger pour marcher
longtemps. Il doit donc faire des choix pour sa journée, son prochain
voyage. Décider de ce qui lui sera indispensable est vital pour lui. Et ce
qui est valable pour un voyage, je crois que ça l'est aussi pour notre vie.
Nous nous contentons de peu et nous savons accorder de la valeur à
l'essentiel. Savoir marcher avec ce qui nous est essentiel, c'est marcher
plus facilement.
  –Cela semble évident, fit pensivement le voyageur. Vous permettez que
je prenne quelques notes ? Je ne suis pas sûr de me souvenir de tout.
  –Faites, dit le nomade avant de se lever pour jeter un œil sur ses yaks, le
temps pour le voyageur de sortir son carnet de voyage et un stylo.
Le voyageur nota : temps, liberté, légèreté. Le nomade se rassit et
poursuivit.
Être nomade c'est aussi savoir défier quelques difficultés. Par exemple,
nous devons être capable de faire des moments de solitude une occasion de
se renforcer. Voyez comme ce plateau est désert. Cette solitude permet de
se retrouver soi-même, face aux éléments, en contact avec la nature, proche
de ses racines et en lien avec ce qu'il doit faire ici, sur cette Terre. Le
«bruit» des autres peut nous éloigner de notre chemin. Avancer est un acte
solitaire. S'isoler pour mieux se retrouver est une capacité que nous avons
su développer.
  –Pourquoi dites-vous qu'avancer est un acte solitaire ? Il m'arrive de
marcher en groupe et c'est aussi agréable.
  –Oui, bien sûr ! Moi aussi. Ce que je veux dire, c'est qu'avancer c'est
progresser seul, dans tous les sens du terme. Il me semble qu'avancer

sur un chemin est une belle allégorie de notre vie et que les changements que nous opérons pour nous-mêmes ne se font que lorsque nous sommes seuls. Bouddha le disait lui-même : « Allez en solitaire comme la corne du rhinocéros ». Comme la corne du rhinocéros, droite et solide, notre corps et notre esprit tirent de cette solitude droiture et solidité.

– N'est-ce pas un peu illusoire de penser qu'on avance sans les autres ? dit le voyageur.

– La solitude n'est pas l'isolement : nous vivons avec les autres et, comme des animaux grégaires, nous recherchons leur compagnie. Mais c'est seul que nous progressons au final.

– C'est vrai, dit le voyageur.

– Nous avons aussi besoin d'être plus attentifs, plus en alerte et plus conscients de ce qui nous entoure. Attention et lucidité sont deux autres qualités indispensables pour les nomades.

Le voyageur releva la tête et fixa son regard dans celui de son sage conseiller.

– Quand nous voyageons, nous devons rester attentifs aux dangers, poursuivit-il. En mouvement, nous devons rester sur nos gardes, en alerte.

– En alerte ? reprit le voyageur.

– Bien sûr, mon ami ! Le monde n'est pas tout rose, vous le savez ! Le voyage impose la prudence sans défiance.

– Expliquez-moi cela. Non-dépendance sans indépendance, prudence sans défiance…. Cela commence à devenir un peu flou pour mon petit esprit occidental.

Le nomade sourit et poursuivit sur sa lancée.

– C'est simple en fait. Rien n'est noir ou blanc, bien ou mal, tout ou rien. Être indépendant peut conduire à l'indifférence, être dépendant à la privation de liberté. Il est donc nécessaire d'être dans la non-dépendance, ni dépendant, ni indépendant. Si une personne passe et s'arrête pour discuter, comme vous l'avez fait, c'est une bonne chose. Si vous ne l'aviez pas fait, cela aurait été aussi une bonne chose.

– Je crois que je commence à comprendre, fit le voyageur. Ainsi, vous êtes content que je me sois arrêté, et ça, ça me rassure, plaisanta-t-il, mais si j'avais poursuivi ma route, vous n'auriez pas été déçu.

5

– C'est ça. Parce que peut-être, cela aurait été mieux pour nous deux à ce moment-là. Mais je me réjouis de notre conversation maintenant.

– Je vous remercie. Moi aussi.

– Pour continuer, sur la même idée, être en alerte ne veut pas dire se méfier ou se défier de tout. C'est être juste vigilant, sans peur mais sans naïveté. Les dangers sont plus nombreux quand on voyage seul. Il s'agit donc de ne pas sous-estimer les dangers, ni de les surestimer d'ailleurs, mais de les considérer comme possibles. Être attentif aux signes de nervosité des bêtes, à la sécheresse de l'air ou à son humidité, à la direction du vent, à la luminosité, aux nuages dans le ciel qui annoncent le temps qu'il va faire, aux traces laissées à terre par ceux qui nous ont précédés, à nos réserves d'eau et de nourriture, tout ceci nous permet de devenir plus lucides, plus conscients de ce qui se passe, maintenant.

– Vous voulez dire que sans vigilance il n'y a pas de conscience possible ?

– Bien sûr. Je dirais même que sans vigilance, vous ne pouvez rien maitriser ; vous vous laissez aller au gré des vents, des événements, des sollicitations, vous ne comprenez rien à votre vie, vous réagissez seulement à ce qui vous arrive. Être vigilant c'est devenir lucide, c'est être présent à soi et au monde, c'est devenir pleinement conscient. Quelqu'un qui rentre tous les jours de son travail par la même route, qui, une fois rentré chez lui, boit son thé habituel dans sa tasse habituelle, mange à la même table, à la même place, dans la même assiette, finit par développer une anesthésie mentale : il agit comme un automate programmé pour faire toujours les mêmes choses. Le voyage permet au contraire d'être confronté en permanence à des choses nouvelles et développe chez les nomades une vigilance et une lucidité plus forte, je crois.

– Tout cela est limpide, fit le voyageur. Cela fait déjà longtemps que nous discutons ensemble ! Vous avez peut-être autre chose à faire ? Je vous dérange peut-être ?

– Non, non. Cela me fait plaisir de partager ce moment avec vous.

– C'est très gentil à vous de bien vouloir me consacrer un peu de votre temps et d'avoir partagé votre thé : il était très bon.

– Vous savez ? Le partage fait partie de notre manière d'être. Comme nous ne basons pas notre existence sur la propriété, nous partageons naturellement. Je crois aussi que dans la difficulté, même le plus grand propriétaire de New Delhi devrait avoir le réflexe du partage. Quand vous voyez arriver un voyageur perdu, votre premier réflexe est de lui ouvrir votre porte et lui offrir eau et nourriture, pas de fermer votre porte à double tour.

– On dit que les passagers d'un autocar ne deviennent solidaires que lorsqu'un accident survient.

– Belle métaphore ! Le nomadisme produit probablement un état qui génère de la solidarité naturelle et donc du partage.

A la suite de « Temps, liberté, légèreté », il nota « Non-dépendance, vigilance, partage » sur son carnet.

– Je ne vois pas le temps passer avec vous. Il s'écoule doucement mais si intensément, remarqua le voyageur. Vous disiez tout à l'heure que l'espace du nomade était le temps. Mais ce temps-là est-il le même quand on voyage ?

– Le temps du nomade est rythmé par les saisons et les saisons sont lentes. Aller vite ne sert à rien : vous ne ferez pas finir l'hiver plus vite si vous marchez plus vite. La marche est un rythme lent et régulier qui permet de s'économiser, d'aller loin et pendant longtemps. La lenteur, c'est aussi la lenteur du regard, la lenteur des gestes, la lenteur de la pensée : la lenteur qui peut paraitre parfois éprouvante pour vous qui vivez dans un monde où le temps manque toujours.

– Je le fais déjà quand je marche mais je reconnais que mes pensées ont parfois du mal à se mettre au rythme de mes pas.

– Vous avez tout compris. C'est en effet en ralentissant son corps que son esprit va peu à peu ralentir. Diminuer le nombre de pensées qui s'entrechoquent dans sa tête, empêcher les boucles de pensées inutiles, se concentrer sur les pierres, comme celles que j'ai dans ma main ; essayer de ralentir et sentir la différence.

Le nomade jouait avec deux pierres qu'il faisait rouler dans sa main.

– Vous voyez, le conseil que vous venez de me donner est d'une simplicité étonnante et pourtant si puissant. Je sens qu'il cache un univers dont je ne connais pas la véritable ampleur.

– Ce sont souvent les choses les plus simples qui sont les plus importantes. Pensez à l'eau : quoi de plus simple que l'eau et pourtant si puissante? Je crois en effet qu'être nomade exige de rester dans la simplicité : simplicité de vie, de nourriture, de pensée et d'actions. Être simple, penser simple, faire simple sont plutôt notre quotidien. La simplicité a ceci de fabuleux qu'elle réside en tout mais elle a aussi ceci de sournois qu'elle se cache souvent sous des complications que notre esprit nous impose. Et nous nous croyons plus intelligents quand nous compliquons plus que quand nous simplifions.

– Oui, pas facile de rester simple. Les solutions aux casse-têtes sont pourtant souvent les plus simples.

– Exactement approuva le nomade. C'est d'ailleurs le cas dans un labyrinthe qui est un casse-tête à résoudre physiquement autant que mentalement. Cet exercice du labyrinthe résume assez bien notre capacité à résoudre les situations mouvantes, imprévisibles, complexes. Savez-vous que les labyrinthes sont des symboles de passage ? Les nomades souvent dessinent un labyrinthe à l'entrée de leur tente pour marquer le passage de l'extérieur à l'intérieur.

– Ah oui ? fit le voyageur. Je ne savais pas. Nous avons cela aussi chez nous, à l'entrée des cathédrales il y a souvent un labyrinthe gravé sur les dalles de pierre. Nous avons aussi ce jeu auquel les enfants jouent ; la marelle et qui est un jeu de passage de la Terre au Ciel.

– Très intéressant ! J'ai souvent l'impression d'être dans un labyrinthe quand je me déplace dans des zones que je ne connais pas. C'est très grisant en fait de découvrir. C'est l'inconnu qui nous amuse et nous rend curieux, pas le connu.

Le nomade le regardait avec un sourire qui illuminait son visage buriné par le soleil et l'air des hauteurs.

– Merci beaucoup pour tout ce que vous m'avez appris. C'est très... inspirant. Vraiment.

– Je vous en prie. Ça m'a fait plaisir aussi d'échanger avec vous.

– A propos, vous parlez d'échange. Et moi, que puis-je faire pour vous ? demanda le voyageur.

– Le plus beau cadeau que vous puissiez me faire c'est de vous faire mon messager ; si cela peut aider quelques personnes, j'en serais très heureux.

Le voyageur se leva, serra chaleureusement la main du nomade et s'éloigna. Il continua sa route avec dans son sac les neuf sagesses que lui avait confiées le nomade, déroutantes, solides et si profondément inspirantes. Il s'aperçut beaucoup plus tard qu'il ne lui avait pas demandé son nom. L'hôte du gîte dans lequel il s'arrêta la nuit suivante lui apprit qu'il se nommait Lundhup. Il nota ce nom dans son carnet, en se disant qu'il pourrait peut-être un jour revenir le voir.

La prochaine marche qu'il programmait lui servirait à éclaircir ces messages. Les valeurs portées par le nomadisme lui semblaient tellement utiles pour guider les hommes d'aujourd'hui, de plus en plus sédentaires. L'esprit nomade n'était pas si loin : il suffisait de lui redonner vie. Et il allait commencer par lui.

L'araignée

Être dans le temps

Dès qu'il commençait ses préparatifs de voyage, le voyageur se sentait appartenir à la tribu des nomades. La bougeotte le reprenait, l'envie de ne pas savoir où il dormirait le soir l'émoustillait à nouveau, la promesse de la présence du sac sur ses épaules le rendait joyeux, l'opportunité des rencontres fortuites et de découvertes inespérées l'encourageait. Emotion du mouvement, exquise mobilité, nomadisation guérisseuse, cette mise en marche lui procurait toujours un plaisir étonnant.

Cette fois, le voyageur avait décidé de partir sans but précis, seulement celui de réfléchir à ce que lui avait enseigné le nomade. Il avait devant lui quelques semaines et souhaitait en profiter pour laisser les événements choisir pour lui son parcours.

Sac au dos, chapeau sur tête et tête dans les étoiles, il marchait seul. « A quelle heure suis-je parti ? A quelle heure devrais-je arriver si je continue à cette allure ? Et combien de temps encore avant la nuit ? ». Le temps lui filait entre les doigts alors qu'il embrassait l'espace de tout son corps. Un avion à réaction interrompit sa réflexion ; le son d'abord, sourd, aigu, et puissant, la vibration profonde ensuite, regarder d'où l'avion va jaillir... Le bruit devient plus fort, le prend aux tripes, il a l'impression que l'avion est au-dessus de lui, il scrute le ciel, mais toujours rien. Et puis, ça y est ! Il le voit, haut dans le ciel, comme une pierre taillée lancée par un géant, l'avion trace sa route laissant derrière lui une trainée blanche toute rectiligne. Le voyageur en regardant la trace fait un rapide calcul de leur différence de vitesses de progression : lui, quatre kilomètres à l'heure, l'avion, surement proche des deux mille kilomètres à l'heure, cinq cents fois plus vite que lui... Cinq cents jours de marche pour lui, un jour de vol pour l'aviateur. Vertigineux ! Les bottes des sept lieues sont à mettre au placard. Le temps n'est pas le même en marchant : le rythme est plus lent, le temps plus contracté, la charge du temps plus légère. « Mais le temps est pourtant le même ? » pensa le voyageur. « Une minute est une minute, une heure est une heure, un jour est un jour. ...Oui et non » sourit-il.

En voyage, le temps change. Les contractions, les détentes, les décontractions, les prétendues pauses, les accélérations, les ralentis, le temps n'est pas le même. Il suffit de quelques heures de marche pour ressentir cela. Bizarre quand même ; il suffirait de ralentir soi-même pour modifier le temps ? Le voyageur avait lu des choses là-dessus mais on n'observait cela que pour les très grandes vitesses. Il s'agissait donc probablement plus de perception du temps. Le voyageur se souvint d'un parcours qu'il avait franchi à pied en dix jours. Il lui avait seulement suffi de quelques heures pour le parcourir en sens inverse, en voiture cette fois. Ce moment l'avait étourdi. A travers la vitre de la voiture, il reconnaissait les paysages qu'il avait arpentés à pied, les noms des villages qu'il avait traversés et l'espace-temps en était modifié : plus ramassé, plus plat, plus rempli. Les voyages en avion procurent ce même type de sensations. Aller prendre son avion nécessite souvent une grande préparation : réservation, préparation des bagages, couché tôt, levé tôt. Avant le départ, le temps se resserre, la peur d'être en retard, l'appréhension des passages de sécurité, le stress est là. En l'air, le temps est creux : il s'allonge. Au moment de l'atterrissage, là encore le temps se resserre, et enfin une fois à terre, le voyageur se relâche pour revenir dans un temps habituel.

Ce qui fascinait le voyageur, c'est que dès qu'il redevenait nomade, il pensait d'abord au temps avant de penser à la distance qu'il allait parcourir. Le soir, alors qu'il préparait sa journée du lendemain, il pensait toujours « Combien de temps vais-je marcher demain ? Suis-je fatigué ou en forme ? Quelle est la configuration de l'itinéraire ? » avant d'en déduire la distance qu'il allait parcourir. Le nomade « déspatialise » sa représentation du monde. L'important pour lui n'est pas le partage de l'espace mais la répartition des temps. Il temporalise son existence. Et l'espace devient le temps « Combien d'heures » et non « Combien de kilomètres » avant d'arriver ?

C'est drôle comme la vie est aussi comme ça, au fond. A chaque fois qu'il marchait, le temps lui était compté, et l'espace dans lequel il se perdait lui permettait de penser à tout ce qu'il aimerait faire avant de mourir, à tous les remords qu'il n'avait pas envie d'avoir sur son lit de mort, à tous les rêves qui le faisaient vibrer, à tous les endroits qu'il voulait visiter, tous les peuples qu'il souhaitait rencontrer, toutes les œuvres qu'il ne manquerait pas d'aller voir ou toutes les expériences qui le construiraient encore. Et en marchant, il se disait que tout cela était possible. Le rythme ralenti rendait possible l'impossible. Le temps semblait s'étendre pour accueillir ce qui s'offrait à lui, un peu comme un ballon de baudruche qui peut gonfler, gonfler pour recueillir plus d'air encore. Mais l'enveloppe du temps était-elle élastique à l'infini ?

La tête ailleurs, le voyageur ne fit pas attention à une araignée qui tissait son fil entre deux branches de buis. La toile était si fine qu'il ne l'avait pas vue, l'araignée si petite qu'il avait failli l'emporter avec lui dans son mouvement. Seul un éclair de soleil lui avait permis de remarquer la petite bête qui s'échinait à monter et descendre sur son fil avec une obstination que seule une fourmi voulant porter une feuille dix fois plus grosse qu'elle, égalait. Il s'arrêta et regarda l'araignée faire, fasciné. Il essayait de comprendre ce qu'elle faisait : la toile semblait pourtant complète, d'une régularité mathématique, idéalement disposée au cœur de branches de buis construisant ainsi un piège idéal pour capturer les insectes de passage. Tout à coup, l'araignée se dressa sur ses pattes et fustigea le voyageur :

– Vous voulez ma photo ? fit-elle en fronçant ses pattes pour montrer qu'elle n'était pas contente.

Le voyageur fit un bond en arrière, ahuri. « Je deviens dingue ou quoi ? Marcher seul ne me réussit pas » se dit-il en écarquillant les yeux.

– Vous ne voulez pas me laisser tranquille non ? Vous ne voyez pas que je travaille ? continua l'arachnide furax.

– Pardonnez-moi, je ne vous avais pas vue, se surprit à répondre le voyageur.

– Oui mais maintenant que vous m'avez vue, pourriez-vous enlever votre nez de ma toile s'il vous plait ?

– Vous exagérez un peu. Avouez que je n'ai pas touché votre toile. Je vous regardais simplement faire. Votre travail est fascinant, vous savez ?

Il se rendit compte tout à coup de son délire ?! « Une araignée qui parle ? Qu'est-ce que c'est que ça ?? Ce doit être le soleil qui m'a tapé sur la tête » pensa-t-il. Ça lui était déjà arrivé une fois lors d'une longue marche sans boire suffisamment d'eau : troubles de la vue, vertiges légers, étourdissements passagers. Il avait suffi de se reposer un peu et de boire pour que tout redevienne normal. Il va falloir qu'il se surveille.

– Ah bon ? Vous trouvez ? fit-elle flattée, au moment où le voyageur s'apprêtait à reprendre son chemin.

Résigné, le voyageur continua la conversation. Après tout, même si ce n'était qu'un rêve ou une hallucination, la discussion ne manquait pas d'intérêt.

– Oui, s'exclamât-il, c'est un modèle de régularité et de beauté. Je suis sûr que si on analysait votre construction, on y trouverait le nombre d'or.

– Le nombre d'or ? interrogea l'araignée.

13

– Oui. Un nombre en géométrie…

« Comment vais-je me sortir de cette situation ? » pensa-t-il.

– Heu, excusez-moi, le nombre d'or décrit une particularité qu'on retrouve souvent dans la nature. Par exemple, si vous avez déjà vu une herbe qui se replie en une spirale parfaite, il y a des chances que cette herbe ait utilisé sans le savoir le nombre d'or. Vous trouvez cela aussi sur le dessin que forment les écailles d'une pomme de pin, qui possède treize spirales dans un sens et huit dans l'autre. Et ce rapport de 1,6 environ se retrouve dans la proportion entre la dimension de la Terre et celle de la Lune. Et quand je regarde votre toile, elle est tellement harmonieusement construite qu'elle doit respecter les proportions du nombre d'or.

– Ah bon ? fit l'araignée un peu dubitative. Ce gros animal est bien bizarre, bougonna-t-elle pour elle-même. Enfin, vous m'empêchez de travailler là, fit-elle en ronchonnant. J'ai été ravie de faire votre connaissance et si vous vouliez bien passer votre chemin, cela m'arrangerait maintenant.

Le voyageur s'entendit bafouiller des excuses et se dit qu'il était vraiment déshydraté ou endormi ou…

Mais quand même, puisqu'il avait l'occasion rare de parler à une araignée, et qu'il restait sur son idée d'espace et de temps, il se risqua à une question :

– Bien sûr, bien sûr, je vais vous laisser travailler. Mais est-ce que je peux me permettre de vous poser une dernière question avant de poursuivre ma route ?

Le voyageur regarda autour de lui pour voir si personne n'assistait à la scène : l'hôpital psychiatrique n'était pas loin si on le prenait à discuter avec une araignée.

L'araignée leva les yeux au ciel en soufflant et s'arrêtant, ostensiblement impatiente, une patte sur l'abdomen, lui faisant signe qu'elle consentait à l'écouter.

– En fait, j'ai deux questions, risqua le voyageur.

– Commencez par la première et puis on verra, rétorqua l'araignée

– Bon, j'ai une question sur votre toile.

– Allez-y !

– Vous en changez souvent ?

– De quoi ?

– Eh bien, de toile ?

–J'en change quand c'est nécessaire. Je la refais tous les jours en fait. Les poussières se collent dessus et la rendent moins efficace pour attraper mes proies. En fonction de l'humidité, je dois la consolider régulièrement. J'en change aussi l'orientation en fonction de la lumière. Si je prends moins d'insectes, je la récupère pour la reconstruire à un endroit plus propice.

–Ah oui ? fit le voyageur étonné.

–Oui, je l'avale, la digère et la transforme en matière prête à l'emploi.

Si on pouvait faire pareil avec nos maisons, se dit le voyageur pensif

–Donc vous n'êtes pas attachée à un endroit particulier ? demanda le voyageur à l'araignée.

–Je ne suis attachée qu'à ce qu'il me permet d'attraper. Si une toile est mal positionnée, elle ne vous nourrit pas et vous mourrez ; alors vous savez, la beauté des lieux, le bruit ambiant, la proximité du bord de mer deviennent secondaires, fit-elle sarcastique.

–C'est vrai. Je comprends.

Les besoins primaires doivent être d'abord assurés. Son interlocutrice était très centrée là-dessus. Alors, il lui posa une autre question.

–Et si vous aviez le choix ? Imaginez-vous être sur une toile autonettoyante qui vous permettrait de prendre tous les jours de quoi vous nourrir largement. Que feriez-vous ? Vous resteriez ou vous changeriez de toile ?

L'araignée prit son temps pour répondre et finit par dire.

–Pas sûre que cette vie-là me passionnerait. Ce qui est intéressant dans la vie d'une araignée, c'est de construire sa toile : la bonne texture, la bonne longueur, la bonne orientation, faire la première spirale puis la deuxième plus serrée. Si je n'avais plus à faire ça, ce serait beaucoup moins drôle. Et puis, cette toile autonettoyante risquerait d'intéresser mes congénères ; il faudrait peut-être que je me défende plus contre leur convoitise. Non, en y réfléchissant, je ne crois pas que ça m'intéresserait.

A vrai dire, le voyageur souhaitait savoir si l'araignée était plutôt sédentaire ou plutôt nomade et donc, si le temps importait plus que l'espace pour elle mais il convint que sa question était mal posée. En même temps, discuter avec une araignée demandait une certaine adaptation de sa part. Il se risqua donc à une dernière question.

–Je comprends, je comprends. Dites-moi ; vous dormez j'imagine ?

– Ben oui, évidemment. Comme tout le monde non ? fit-elle un peu agacée.

Le voyageur enchainât.

– Et quand vous vous réveillez, quand vous pensez à la journée qui s'annonce, quelle est votre première pensée ?

– Ma première pensée va d'abord à ce que j'ai attrapé pendant la nuit puis je regarde l'état de ma toile. Et cela programme ma journée.

– C'est-à-dire ?

– Je sais que si je n'ai rien attrapé pendant la nuit, il va falloir que je déménage et que je reconstruise une autre toile ailleurs. Et selon la saison, j'ai plus ou moins de temps pour faire ça.

– Si je comprends bien, ce qui vous importe avant tout c'est votre nourriture. Si vous n'en n'avez plus assez, vous estimez le temps nécessaire pour reconstituer vos réserves, s'essaya le voyageur.

– Vous avez tout compris. Pourquoi ? Vous ne faites pas pareil vous ?

– Nous faisons comme vous quand nous savons que nous allons peut-être manquer de nourriture. Des personnes sont malheureusement contraintes de faire cela tous les jours. D'autres, lorsqu'ils perdent leur emploi, déménagent pour gagner leur vie ailleurs afin de nourrir leur famille.

– Vous semblez associer l'adaptation, le changement, le mouvement à une question de perte ou de manque, je me trompe ? fit l'araignée.

– Vous avez raison, c'est souvent que nous disons « On sait ce qu'on perd, on ne sait pas ce qu'on gagne ! ».

– Ça c'est drôle alors ! Alors que moi, c'est si je ne bouge pas que je suis sûre de mourir plus vite.

– Ah bon ? Vous savez que vous allez mourir un jour ?

– Bah ! évidemment, répliqua l'araignée excédée. Vous nous prenez vraiment pour des imbéciles…

– Heu ! Non, non, je vous assure. C'est plutôt rassurant d'ailleurs de savoir que les araignées savent cela, se reprit le voyageur un peu gêné. Les humains pensent que seule l'espèce humaine sait qu'elle va mourir.

– C'est bien ça le problème des humains. Ils croient être plus malins que les autres…Bien ! C'est pas le tout, dit l'araignée, mais moi, il faut que je change d'endroit. Alors, si ce n'est pas trop vous demander, pourrions-nous maintenant clore notre intéressante conversation ? J'ai

été ravie de faire votre connaissance et vous souhaite une bonne fin de journée.
Et l'araignée fit demi-tour pour démonter sa toile.

Le voyageur un peu surpris, après un « Au revoir » maladroit, reprit son chemin, un fil d'araignée sur le bout du nez et un doute prononcé sur son propre état de santé mentale.

Le temps serait-il devenu la nourriture de l'être humain moderne? En effet, pour nos civilisations dites « développées », dans lesquelles les besoins physiologiques sont le plus souvent satisfaits, le temps devient une denrée rare, le manque de temps un problème récurrent pour tous. Pourtant, un de ses amis lui avait indiqué que depuis mille-neuf-cent soixante, l'espérance de vie dans le Monde était passée de cinquante-deux ans à près de soixante-neuf ans. Nous disposons donc de plus de temps pour vivre et paradoxalement nous semblons en manquer de plus en plus. Et pourtant, nous travaillons de moins en moins. Plus éduqués, plus curieux, plus productifs, notre temps se contracte, se densifie nous procurant cette sensation d'accélération du temps et ainsi cette impression que le temps nous manque. La pénurie ressentie du temps nous entraine vers une occupation de tous les instants de cet espace vide. Bientôt, il y aura certainement des « vendeurs de temps » comme il y a des vendeurs d'espaces, publicitaires ou fonciers. N'achetons-nous pas déjà du temps supplémentaire quand nous achetons de la DHEA, l'hormone de jouvence qui est censée nous garder éternellement jeune.

La relation au temps des nomades est bien différente ; ils se fient avant tout à la mémoire des saisons et des événements des années précédentes. Leur calendrier est en lien avec la nature. Leur rythme est en totale adéquation avec ce qui les entoure ; le soleil, les étoiles, la végétation.

Comment pouvons-nous retrouver cette sérénité face au temps qui passe ? Avons-nous oublié de regarder dans la bonne direction ? Mais portons-nous notre attention sur une illusion ? Le temps n'aurait-il pas la dimension linéaire que nous lui prêtons ? Le voyageur avait trouvé une étude publiée par la très sérieuse American Psychological Association qui tendait à démontrer scientifiquement que nous possédions des capacités de précognition et de prémonition. L'expérimentation consistait à montrer des images, à des volontaires, par exemple, l'image d'une corbeille de fruits.

Puis deux mots sont proposés, ici, par exemple « savoureux » ou « coloré ». Il est alors demandé aux personnes de prédire le mot qu'un ordinateur choisira de manière aléatoire. Il y a donc cinquante pour cent de chances que le choix se porte sur l'un ou l'autre des mots. Il s'avère que, de manière surprenante, le taux de réussite s'est trouvé supérieur à la seule chance et ce de manière très significative. Le hasard n'était pas le principal acteur, la précognition semblait s'être invitée à l'exercice.

Le voyageur en était convaincu : nous étions capables de prévoir le futur tout autant que de nous souvenir du passé. Nous sommes admiratifs de ceux qui possèdent des talents de mémorisation plus élevés que la moyenne, alors pourquoi considérer ceux qui disent prévoir l'avenir comme de dangereux extra-lucides ? Cela voudrait dire que le temps, considéré plutôt comme un phénomène linéaire – le passé précédant le futur- serait un phénomène plus complexe ; les trois temps que nous connaissons pourraient ainsi « cohabiter » au même moment. Avec le temps, il semblait nous manquer une sorte de perspective que nous pouvons imaginer facilement avec l'espace. Si nous avançons dans un labyrinthe, en montant sur une échelle, nous pouvons avoir une vision d'ensemble qui nous donnera la solution de la sortie. Eh bien, avec le temps, le voyageur avait le sentiment que c'était la même chose : une échelle était nécessaire pour « voir » le temps différemment. Comme du haut de l'échelle, nous pouvons voir l'ensemble du système ; l'entrée, les chemins que nous avons empruntés, la sortie et les chemins possibles pour l'atteindre ; ainsi, du haut de l'échelle du temps, nous serions en capacité de « voir » tout en même temps, en un seul mouvement.

Il n'était pas mécontent de sa première rencontre. Un an auparavant, lorsqu'il avait rencontré ce nomade dans le désert, il avait décidé que sa prochaine marche aurait pour but de mieux comprendre l'esprit nomade peut-être pour le mettre en pratique dans sa vie de tous les jours ou tout simplement pour en discerner les contours.

Lors de ses marches, le voyageur avait pour habitude de croquer ses impressions, touches d'aquarelle, dessins au crayon ou au stylo. Il décida de ressortir les notes qu'il avait prises lors de sa discussion avec le nomade et de s'y référer régulièrement pendant son périple pour tenir cette fois son carnet de voyages.

Alors, il dessina rapidement une belle araignée dans sa toile et écrivit juste au-dessous de ce premier dessin « Être dans le temps » et les conseils qu'il en tirait.

Il avait trois semaines devant lui pour nourrir sa réflexion. Ça devrait suffire. Il rangea ses affaires dans son sac, but une gorgée d'eau et reprit sa route.

Être dans le temps ; comment faire ?

- Concentre-toi sur le présent : c'est là que réside l'énergie.

- Accorde-toi au temps de la nature.

- Pense que le temps dépend de l'intensité que tu lui attribues.

La jument

Rester libre

Le voyageur traversait une forêt de feuillus. Il adorait ces endroits si calmes, si frais, si odorants. Les bruissements des habitants de la forêt dans les feuilles mortes emplissaient l'espace, les rayons du soleil perçant les feuillages offraient des spectacles dignes des plus grands shows laser, l'immensité des arbres forçait l'humilité et le respect, les chants des oiseaux rebondissaient en écho sur les écorces de ces grands sages pour mieux s'amplifier puis disparaitre. Il avait pour habitude de ralentir son pas lors de ces traversées pour faire le plein de sensations. A la sortie de la forêt, il s'aperçut qu'il y avait passé beaucoup plus de temps que prévu : le soleil commençait à décliner pour émettre sa lumière rasante de fin de journée sur les champs de colza et de blé qui s'étendaient à l'infini devant lui.

Un hennissement sur sa droite le fit sursauter. Une harde d'une dizaine de chevaux broutait paisiblement dans une clairière bordant la forêt. Ces animaux magnifiques avaient toujours représenté pour le voyageur à la fois la beauté, l'élégance et la vie en groupe, à l'état sauvage. Le cheval symbolisait aussi la dominance inquiétante de l'homme sur la nature ; les chevaux sauvages ont aujourd'hui pratiquement disparu de la planète.

C'est une sorte de danse entre deux chevaux qui attisa sa curiosité. Un jeune mâle semblait rester en dehors du territoire occupé par les autres qui broutaient tranquillement : il restait en alerte, oreilles dressées, muscles bandés, regard fuyant. A quelques foulées de lui, une jument plus âgée, le regardait fixement, puis avançait vers lui comme pour l'attaquer, baissant la tête et la relevant, naseaux au vent, frappant son sabot sur le sol. Le jeune mâle, effrayé faisait marche arrière, ébrouant sa crinière et balançant dans les rais du soleil rasant des myriades de poussières luminescentes. La jument s'arrêtait alors, se retournait et se remettait à brouter. Le jeune mâle soufflait, s'arrêtait, et revenait doucement vers le cercle formé par la harde. La jument relevait la tête aussitôt, se retournait et la danse reprenait. Elle avançait menaçante et le jeune mâle reculait à nouveau. Et puis, quelque chose se passa que le voyageur ne comprit pas. Le jeune mâle s'avança encore, comme les autres fois, et cette fois, la jument, au lieu de le chasser, accueillit le jeune cheval dans le groupe : il se mit alors à se mêler aux autres chevaux de la harde, sentant et se frottant à chacun d'entre eux comme pour se présenter et puis, il se mit à brouter l'herbe grasse de la clairière. La harde comptait un membre supplémentaire.

21

Le voyageur restait pensif : il savait qu'il avait quelque chose à apprendre de ce qu'il venait de voir.

Il reprenait son chemin quand il vit la jument venir vers lui. Il s'arrêta pour regarder ce magnifique animal qui s'approchait doucement de la barrière qui le séparait d'elle. Ses muscles noueux se tendaient sous son poil luisant, une puissance certaine se dégageait d'elle. Il fouilla alors dans son sac pour trouver un fruit ou un quignon de pain qui pouvait lui rester. Il trouva une pomme qu'il tendit à la jument au-dessus de la clôture. Elle engloutit la pomme avec gourmandise et la croqua avec grand bruit.

– Merci

« Ça y est ! » se dit le voyageur, « Voilà que ça recommence ! ». Il prit sa gourde dans son sac et but un grand trait d'eau.

– Merci, répéta la jument, votre pomme était bien bonne

Le voyageur tourna le dos à la jument, réellement inquiet. C'était peut-être un effet d'écho ? Il avait beau écarquiller les yeux, il n'y avait personne d'autre que lui et les chevaux dans ce bel endroit. Il se retourna, encore dubitatif et se risqua à répondre.

– De rien. Je suis content si mon petit cadeau vous a fait plaisir. J'étais sûr que cette pomme pourrait faire plaisir à quelqu'un. Je la trouvais personnellement trop acide mais je me disais que bien cuite elle pourrait faire une bonne compote. Je savais pertinemment que cela nécessiterait d'adoucir un peu la cuisson avec du sucre ou d'autres pommes moins acides, mais j'étais ….

Le voyageur s'interrompit. Il se dit que parler cuisine avec un cheval devait représenter une preuve de délire compulsif obsessionnel devant les tribunaux.

– Je ne comprends pas tout, dit la jument. Qu'est-ce que vous appelez « compote » ?

Et voilà ! Le voyageur était parti dans une explication de la recette de la compote de pomme à un cheval qui l'écoutait, ma foi, attentivement. Certains autres de ses congénères venaient de temps en temps tendre l'oreille pour voir de quoi ces deux-là étaient en train de parler. Arrivé au moment crucial de l'ajout du jus de citron avant la mise au frais du précieux met, le voyageur qui s'était un peu emporté se calma et reprenant ses esprits dit à son interlocutrice :

– Bien... Je ne sais pas si ce que je vous raconte pourra vous être utile un jour ?

−Probablement pas mais ce n'est pas grave. Cela semblait vous tenir à cœur.

−Je suis un peu confus. Je m'aperçois que je ne vous ai parlé que de ce que j'avais dans la tête sans m'intéresser à vous mais comme vous m'avez posé la question...

Le voyageur sentait bien qu'il s'embourbait. Pas facile de parler à un cheval en fait...

−Dites-moi, reprit-il comme pour rectifier l'erreur qu'il venait de commettre. Je vous observais tout à l'heure et je n'ai pas compris ce que vous faisiez avec le jeune mâle qui tentait de se joindre à vous. Cela ressemblait à un ballet, une sorte de danse initiatique, je me trompe ?

−Cela n'a rien à voir avec une danse, mais si vous avez trouvé cela artistique, tant mieux. Initiation serait plus proche de ce que nous avons accompli, en effet.

−Dites-m'en plus. Vous aviez l'air de le repousser puis vous lui avez envoyé le signe qu'il pouvait venir. Pourquoi ?

−Il s'agit d'un rituel. Nous testons la capacité de résistance des nouveaux venus. Comme ça, on sait s'ils veulent vraiment rester avec nous. Ceux qui résistent à mes petites menaces savent qu'ils doivent respecter un certain nombre de règles et la première, c'est le respect des anciens. Il y a donc une intention réellement positive dans ce que je fais. Parfois, une attitude qui parait agressive cherche en fait un résultat positif.

−Très intéressant, fit le voyageur pensivement.

La jument poursuivit sans attendre les questions du voyageur.

−Bien sûr, nous savons que nous devrons accepter le nouveau venu, c'est un jeu. Même si nous savons ce rituel ancien et peut-être un peu dépassé, nous le perpétuons pour garantir l'intégration.

−Vous restez toujours ici, dans cette clairière ?

−Les hommes qui s'occupent de nous veillent à la qualité de notre nourriture. Alors, quand l'herbe devient plus rare, ils nous emmènent vers des terres où elle est plus grasse.

−J'ai une question à ce sujet, poursuivit le voyageur.

−Allez-y, fit la jument en pointant ses belles oreilles.

−Votre espèce a toujours accompagné l'espèce humaine pour l'aider à porter, cultiver, voyager. Espèce domestiquée et encore parfois, sauvage, vous avez traversé les âges et semblez avoir conservé les rituels de vos origines nomades et en même temps vous vous adaptez très bien à votre existence sédentaire. Comment faites-vous ?

La jument prit le temps de brouter une touffe d'herbe avant de lui répondre.

– Eh bien je crois que nous nous sentons libres malgré les barricades, malgré les clôtures, malgré les contraintes. Libres entourés de barbelés, cela peut paraitre contradictoire, évidemment.

– Je confirme.

– Vous savez, si nous regardions seulement notre passé avec nostalgie, il nous enfermerait encore plus que ces barrières. Notre passé est là pour construire notre avenir : pas pour nous entraver.

Le voyageur rebondit sur ce que venait de lui dire la jument.

– Un auteur célèbre, Jean de La Fontaine, a écrit une fable « Le chien et le loup » dans laquelle, il prône la liberté contre la prison que représente la domestication des animaux. Qu'en pensez-vous ?

– D'un certain point de vue, il a probablement raison, et le loup peut considérer que le chien s'est laissé enfermer par l'homme ; question de perception en fait. Les mustangs sauvages, s'ils nous rencontraient, pourraient avoir le même point de vue sur nous. Nous voyons cet enclos comme un espace sécurisé mis à notre disposition, pas comme une prison. Et dans cet enclos, nous restons libres de continuer à vivre comme bon nous semble. Il y a des choses que nous ne pouvons pas changer : les accepter, c'est rester libre.

– D'accord, mais si demain, les hommes vous attachent à un piquet avec une corde de cinq mètres de long ?

– Dans ce cas, je chercherais probablement à briser cette corde : si elle cède, je m'enfuirais. Si je n'y parviens pas, c'est une nouvelle entrave que je devrais accepter.

Le voyageur, un peu estomaqué par ce que venait de lui exprimer la jument, répondit, enjoué.

– Merci beaucoup ! Vous m'avez vraiment inspiré et je salue votre philosophie. Je ne suis pas sûr d'appliquer ces principes tous les jours. Mais, en tous cas, ils me resteront en mémoire, c'est certain !

– Vous m'en voyez très honorée ! Et merci pour votre recette de compote ? C'est bien comme ça que vous l'appelez ?

– Oui, oui, c'est bien ça, répondit le voyageur en souriant.

– Même si je ne cuisinerai probablement jamais, vous m'avez montré une autre utilisation des pommes, et c'est déjà beaucoup : je crois que je ne mangerai plus jamais les pommes de la même manière. Sans un mot de plus, il lui fit un signe de la main, remit son sac d'un coup d'épaule et tourna les talons. Il entendit la jument le saluer avec un doux frémissement.

Quelle sagesse que de considérer les barbelés comme des opportunités de rester libre ! Pas facile et surement discutable évidemment, la difficulté résidant dans l'estimation ou la perception de ce qui est sous notre contrôle ou pas.

Le voyageur pensa sombrement que la société dans laquelle il vivait offrait de plus en plus de contraintes : normes, règles, lois en tous genre qui entravaient la liberté de tous. Un jour, les gendarmes lui avaient demandé d'arrêter de brûler ses déchets végétaux dans son jardin sous peine d'une amende. Il avait obtempéré puis quelques temps après, avait recommencé, considérant que cette contrainte était idiote, au risque de payer l'amende.

Plus douce, d'autres obligations tentent d'entraver notre liberté. Par exemple, il recevait régulièrement des courriers qui tentaient de le contraindre à passer des contrôles de prévention de maladies diverses. Il considérait que c'était son choix de répondre positivement ou non, malgré les arguments avancés : sécurité, prise en charge précoce plus efficace.

Ne pas respecter d'autres contraintes ou règles était bien plus difficile, voire impossible, que ce soit des contraintes morales « Tu ne voleras point », sociales « Tu paieras tes dettes » ou juridiques « Tu ne tueras point ». L'intention de toutes ces contraintes était sans doute positive. Il avait la faiblesse de penser qu'à l'origine, résidait une volonté de vouloir préserver la sécurité, la santé, la propriété. Les théories du complot qui tendaient à vouloir faire croire que tout était calculé pour contraindre les citoyens de la planète à respecter un ordre mondial avec une intention de trépanation collective à des fins lucratives ou de prise de pouvoir, ne parvenaient pas à le convaincre. Il était convaincu que, quelques soient les contraintes d'un système auquel il était confronté – et il y en avait toujours- chacun pouvait-devait- garder son périmètre de responsabilité et d'influence. La pensée unique guettait les humains plus aujourd'hui qu'hier : mais peut-être encore plus aujourd'hui qu'hier, le voyageur pensait que la pensée libre était salvatrice, et que nous avions toujours le choix d'accepter les contraintes de manière soumise ou, au contraire, comme le lui avait démontré la jument, de le faire en se créant une opportunité de vivre libre.

L'enfant, qui, en classe, laisse échapper ses pensées en observant l'oiseau perché sur l'arbre de la cour, choisit de se libérer plutôt que de regarder, impatient, la pendule qui n'avance pas.

Être libre, c'est rester maitre de ses choix, de ses décisions, de ses convictions, y compris dans un cadre contraignant. Ce cercle vertueux permettait selon le voyageur de résoudre ce doux paradoxe qui existait entre contrainte et liberté.

Il y a de tous temps eu deux manières de considérer le sort de l'Homme : le fatalisme et le libre-arbitre.

Le fatalisme avance l'hypothèse que tout, sur terre, répond à un projet « supérieur » et nous empêche d'avoir une quelconque prise sur les événements que nous vivons. Notre destin est donc tracé d'avance et nous ne pouvons que l'accepter.

A l'opposé, le libre-arbitre avance que nous sommes maitres et responsables de nos décisions et de nos choix. Nous en devenons ainsi libres et responsables.

La vérité est peut-être entre les deux, se disait le voyageur. Au-delà des écoles philosophiques ou croyances religieuses, la première hypothèse semblait réduire la vie à un simple jeu déjà écrit par un scénariste suprême et ne faire appel qu'à nos talents d'acteurs. La seconde trouvait ses limites dans la conscience des contraintes dans lesquelles nous vivons tous. Le libre-arbitre n'existerait donc jamais. La seule liberté résiderait dans notre prise de conscience que nous n'étions justement jamais libres…

Le voyageur avait acquis l'intime conviction que nos pensées pouvaient être à l'origine de ce qui nous arrivait. Notre pensée devenait alors créatrice de notre propre réalité. Il l'avait constaté souvent lorsqu'il devait faire quelque chose qu'il n'aimait pas faire ou qu'il craignait : la loi de Murphy se mettait en route alors pour faire advenir le pire. Il se souvenait qu'à l'occasion d'un rendez-vous professionnel qu'il avait accepté à contrecœur, il avait imaginé tout ce qui pourrait empêcher de faire que ce rendez-vous soit une bonne chose pour lui. Au final, il lui était arrivé quasiment tout ce qu'il avait craint : des bouchons sur la route l'avaient retardé et il ne trouva une place qu'à vingt minutes à pied de son rendez-vous. Il arriva donc une demi-heure en retard, sans avoir pu prévenir son contact, son téléphone étant tombé en panne de batterie. Il va sans dire que le rendez-vous ne fut pas des plus productifs.

L'inverse arrivait aussi bien sûr et il se rendait compte après coup, que lorsqu'il était positif et confiant, les événements se déroulaient facilement, sans encombre. Alors, il avait pris l'habitude pour trouver une place de parking de se « conditionner » pour que cela arrive. Et cela arrivait, même dans un quartier très encombré. Lorsqu'il devait participer à des réunions où des points délicats seraient abordés, il opérait de la même manière ; il visualisait les participants souriants, se saluant à la fin de la réunion, heureux d'avoir pu parler et commencé à résoudre les points de dissension.

Nous aurions ainsi le pouvoir de déterminer notre propre réalité, même dans un contexte défini : ceci répondait au paradoxe entre liberté et contrainte dans lequel nous devons vivre.

Selon les bouddhistes, la réponse à la question du déterminisme se trouve dans la notion de « karmas ». Sortes de programmes de vie, les « karmas » correspondent à des situations à résoudre ou des épreuves à vivre, tout ceci afin d'apprendre de nos vies successives. Sans conscience de ces karmas, les humains sont entraînés dans le « samsara », cette grande spirale dans laquelle ils perpétuent des schémas répétitifs, jusqu'à ce qu'ils les vivent en conscience et les résolvent : les humains deviennent alors des êtres « éveillés ». Ce programme selon lequel nous aurions choisi de vivre présenterait donc des contraintes de vie qu'il conviendrait d'accepter et de résoudre et contre lesquelles il faudrait agir, grâce à notre libre-arbitre.

Le voyageur, un jour, avait évité un accident à un piéton imprudent qui n'avait pas regardé avant de traverser. Le voyageur avait agi par réflexe de sauvegarde bien naturel, mais il avait en quelque sorte modifié le programme de ce piéton. L'avait-il fait pour répondre à un de ses propres « karmas » ou s'agissait-il du « karma » du piéton ?

Les obligations sociales ou morales opèrent ainsi leur restriction et viennent influencer nos décisions. Ceci n'empêche aucunement la liberté d'agir dans un contexte parfois contraint et la responsabilité individuelle qui en découle semblait une ligne de vie que suivaient les nomades.

Son curieux dialogue avec la jument avait brillamment éclairé ce conseil de vie.

Un peu plus tard, à l'occasion d'une pause, il sortit son carnet et dessina une jument qui vint côtoyer l'araignée. Il inscrivit juste en-dessous « Rester libre » et les conseils qu'il en tirait.

Rester libre ; comment faire ?

- Evalue la solidité de la corde qui cherche à te retenir.
- Vois les barrières comme des sécurités, pas comme des entraves.
- Ta pensée est créatrice : libère-la et tu créeras ta liberté.

La cigogne

Voyager léger

Le voyageur avait repris sa route, et après quelques heures de marche, avait décidé de s'arrêter pour se reposer. Alors qu'il était plongé dans ses pensées, un lézard s'échappa dans les feuilles mortes devant lui, juste assez pour le faire sursauter et revenir vers ce moment présent. Il se reprit, se leva, secoua son chapeau pour en évacuer la poussière, épousseta aussi son pantalon dont il ne reconnaissait plus la couleur et prit une gorgée d'eau. Après avoir lancé son sac sur son épaule il l'ajusta à sa taille. Ce geste anodin était devenu un rituel ; il était le signe du départ.

Se remettant en marche, il poursuivit sa réflexion. Décidemment, depuis le début de sa marche, ses rencontres bizarres l'entrainaient vers une seule et même réflexion : bouger ou ne pas bouger ; là était la question. Il voyait bien que le hasard de ses rencontres l'avait jusque-là entrainé vers deux opposés. La première rencontre -l'araignée- lui avait enseigné que l'absence de nourriture engendrait le mouvement, mais que ce n'est pas le manque ni la peur qui le générait, seulement le sentiment d'obligation, seulement le « Je dois le faire, sinon je meurs ».

C'est l'état d'esprit dans lequel se trouvent les gens pour lesquels les besoins de base ne sont pas encore assurés. En même temps, ne serait-il pas parfois plus efficace de raisonner comme cela face à des changements incontournables ? Même lorsque les besoins fondamentaux sont assurés, quand un changement indispensable se présente, le considérer comme « Je vais bouger ma toile. Je dois le faire, sinon je meurs » apparaissait au voyageur comme intéressant.

La deuxième – la jument- lui laisserait un souvenir inénarrable de sagesse nomade sédentarisée : libre dans un cadre défini et continuer à être heureux.

Le voyageur traversait un grand pâturage : les parcelles étaient séparées de petits murets de pierres sèches et de loin cela ressemblait à un grand jeu de tangram. Le temps était frais et le soleil éclairait les couleurs de l'automne pour les rendre plus éclatantes encore. Face à lui, haut dans le ciel, il vit arriver un vol d'oiseaux qu'il ne pouvait pas encore identifier. Ils étaient trois, formant un triangle magnifique. Le voyageur reconnut alors des cigognes en route vers le sud. Perplexe, il les vit opérer un virage au-dessus de lui. En trois grands cercles, les oiseaux avaient atterri à cinquante mètres devant lui. Il s'approcha doucement craignant de les effrayer. Une des cigognes, fit alors quelques pas vers lui, de sa fière démarche, et levant son bec, fit :

–Qui êtes-vous voyageur ?

–Et vous donc, voleuses ? fit le voyageur en riant.

–Pourquoi nous traitez-vous de voleuses ? rétorqua la cigogne offusquée. On dit que ce sont les pies qui sont voleuses, pas les cigognes.

–Excusez-moi. C'est un mauvais jeu de mot. Je voulais parler de vol... en altitude.

La cigogne haussa les épaules. Le voyageur se rendit compte un peu tard qu'il avait pris des libertés trop rapides avec ce bel oiseau ; son humour déplacé compromettrait peut-être cet échange.

–Je suis désolé de mon mauvais jeu de mots. Veuillez m'excuser.

–Je vous en prie. Ce n'est pas grave.

–Je suis un voyageur. Je vais où le chemin me mène. Et vous, vous allez où le vent vous porte ?

–C'est à peu près ça, oui. Le vent nous mène au sud. Nous allons chercher un climat plus clément, comme chaque année. Il commence à faire trop froid ici.

–C'est donc la seule raison qui vous fait faire ces milliers de kilomètres ? demanda le voyageur.

–Eh bien, oui, pour quelle autre raison à votre avis ? répondit la cigogne un peu étonnée.

–Je ne sais pas. Vous allez peut-être retrouver d'autres de vos congénères pour vous reproduire ? Je sais que certaines migrations poursuivent cet objectif.

– Il se trouve que c'est dans vos contrées que nous construisons nos nids. Nous migrons dans le Sud de l'Afrique et de l'Asie pour trouver une température plus agréable l'hiver. Vous n'avez pas l'air de bien nous connaitre, fit la cigogne un peu agacée.

Le voyageur sentit que sa question ne lui avait pas fait gagner des points.

–Je suis effectivement un piètre connaisseur de la nature, avoua le voyageur. Mais je m'y intéresse de plus en plus, notamment avec des rencontres comme la nôtre. Est-ce que je peux me permettre de vous poser une autre question ?

–Allez-y, fit la cigogne.

–Prenez-vous toujours le même itinéraire ou en changez-vous en fonction des conditions météorologiques ?

–Nos routes migratoires sont les mêmes car notre migration a lieu tous les ans à la même époque et que globalement les vents dominants

31

s'installent de manière régulière. Et vous ? Quand vous marchez, prenez-vous le même chemin ?

–Moi c'est différent. Quand je marche, c'est pour mon plaisir et ce n'est pas pour aller trouver une température plus clémente. Mais il est vrai qu'une certaine partie de nos populations migrent tous les ans pour les vacances, et qu'ils prennent majoritairement toujours le chemin du Sud plutôt que celui du Nord.

–Oui, c'est vrai. J'ai vu des masses impressionnantes de voitures toutes arrêtées sur des grandes routes certains jours d'été, dit une des deux cigognes restée un peu en retrait.

–C'est vrai, moi aussi, reprit la première cigogne. Vous êtes un peu comme nous alors ?

–Un peu, oui, fit le voyageur. Mais de mon côté, j'essaie de ne pas suivre la masse de ces migrations de vacances. Je préfère la quiétude des chemins de campagne.

–C'est donc cela qui vos entraine à marcher, comme ça, seul, avec un gros sac sur votre dos ? Ça doit être lourd non ?

–Eh bien, je fais attention à ce que cela ne soit pas trop lourd justement, sinon, je risquerais au mieux de me ralentir, au pire de ne plus pouvoir avancer. Vous le savez aussi vous ; si vous êtes alourdies, vous volez moins facilement, n'est-ce pas ?

–Bien sûr ! Quand nous avons un long trajet, à faire, nous prenons garde à ne pas trop manger ! Hein, les filles ?

Les cigognes approuvèrent du bec en lissant leurs belles plumes.

–La légèreté lorsque nous migrons est primordiale, vitale même, continua-t-elle. Lorsque vous devez lutter contre le vent, la pluie, les orages ou les tornades, vous avez tout intérêt à ne pas être trop lourd, sinon…

–Je comprends. Pour moi, c'est pareil. Si j'alourdis trop mon sac, les tendinites, les ampoules et les tensions musculaires arrivent vite avec un arrêt obligatoire à la clé, voire un retour au point de départ. Ça m'est déjà arrivé !

–Bah, c'est sûr ! approuva la cigogne. Mais je ne comprends pas très bien pourquoi c'est la raison qui vous fait marcher. Vous pourriez tout aussi bien prendre une voiture, un train ou un bus.

–Marcher c'est aussi être léger dans sa tête. Dès que je me mets à marcher, j'oublie très vite mes soucis, je me centre sur l'essentiel en laissant de côté le secondaire. Ça me fait tellement de bien si vous saviez.

– Qu'est-ce que vous appelez des soucis ?

Le voyageur sourit, se rendant bien compte que les cigognes n'avaient pas ce mot dans leur vocabulaire.

– Des préoccupations, des problèmes à régler, des solutions à trouver

– Je comprends mieux. Alors, marcher vous aide à résoudre ces problèmes ?

– Pas toujours. Mais marcher permet de relativiser l'importance de nos soucis et surtout de savoir ceux que nous pouvons résoudre en laissant tomber ceux que nous ne pourrons jamais résoudre parce qu'ils ne nous appartiennent pas vraiment.

– Je ne comprends pas.

– Si je passe mon temps à me dire que je suis laid, c'est un souci.

– Oui.

– Et si je passe mon temps à me dire que je ne peux pas résoudre ce problème, je perds mon temps n'est-ce pas ?

– Evidemment. C'est comme si on se disait tous les jours que notre bec est trop long ! Ce serait idiot ! fit la cigogne en se retournant vers ses amies qui approuvèrent de la tête.

– Et bien, c'est la même chose pour plein d'autres problèmes que nous pensons avoir et qui n'en sont pas : l'âge que l'on a, les défauts de ses parents, le caractère de son collègue de travail. Marcher permet de nous alléger de poids inutiles.

– Vous êtes bizarres vous les humains mais je comprends ce que vous voulez dire.

– Merci beaucoup d'avoir pris le temps de parler avec moi, dit le voyageur, qui décidément prenait plaisir à parler avec les animaux.

– Je vous en prie. Nous avons été heureuses de vous rencontrer. Nous avons bien fait de nous arrêter. C'était très agréable. Nous allons reprendre notre route. Notre voyage est loin d'être terminé ! Et puis, l'est-il vraiment un jour ? dit la cigogne en clignant de l'œil vers le voyageur amusé.

– Bon voyage ! fit chaleureusement le voyageur alors que les trois oiseaux migrateurs prenaient leur envol.

Pensif, ému et reconnaissant, il regardait ses nouvelles rencontres s'envoler. Il restait stupéfait de ces merveilleux échanges et se demandait si à un moment ou à un autre, il n'allait pas se réveiller d'un rêve magique, au milieu de la nuit et de son lit.

Ce qu'il avait répondu aux cigognes l'étonnait ; il n'avait pas vraiment réfléchi à la question de la légèreté, notion pourtant évidente quand on marche. Raisonner en charge transportée pouvait devenir pour le voyageur une vraie conduite de vie et c'était peut-être ce qu'il était venu chercher en se chargeant d'un sac au poids bien présent et qu'il pouvait à volonté alléger ou alourdir. Il maitrisait le contenu de son sac et savait pertinemment ce qui lui était utile, vital, superflu ou inutile. Les vivres, l'eau, la trousse de secours, les vêtements, les moyens d'orientation et de communication représentaient la base. Le reste venait ensuite et s'il y avait un choix à faire, la décision était vite prise dès qu'il s'agissait de superflu.

Le nomade est soucieux de ne porter que l'essentiel. Quand il se prépare à changer d'endroit ou à effectuer une nouvelle étape, il ne prend que ce qui lui sera nécessaire. Il porte attention à ses ressources vitales : ses vêtements, l'eau, la nourriture, les moyens de survie en cas de difficultés (médicaments, moyens d'alerter, moyens de communication, etc.). Les nomades ne se chargent que du vital d'abord – ces ressources qui, si elles sont absentes empêchent d'avancer, le confort ensuite, ces petits plus qui viennent agrémenter le quotidien, le petit biscuit qu'on affectionne, la crème indispensable, un moyen d'écouter sa musique favorite, le livre dont on ne pourrait se passer, ensuite et seulement ensuite, ce dont on pourrait avoir besoin « au cas où ».

Le voyageur s'arrêta à l'ombre d'un grand arbre pour boire un peu d'eau et manger un fruit. Il sentait bien que son esprit avait un peu divagué depuis qu'il avait rencontré ces cigognes. Il aimait bien laisser ses pensées rebondir, s'arrêter un instant sur une idée, comme une abeille le fait près d'une fleur sentant son nectar plus prometteur, en gardant un œil sur une autre plus loin, quitte à y revenir plus tard. Il se perdait parfois dans des détours, des lacets, des sinuosités. Il perdait de vue son point de départ et sa destination. Mais cela lui plaisait.

La légèreté nécessaire des cigognes l'avait amené à réfléchir à la priorisation indispensable des nomades. Et on ne peut pas dire que la légèreté soit une caractéristique actuelle des humains : un quart des hommes et des femmes sur la planète est obèse. La question de la légèreté se pose indéniablement à celui qui bouge souvent ; ses amies les cigognes connaissent bien ce critère incontournable des migrateurs. Légèreté de corps et d'esprit : c'était bien le message des nomades. Lourd dans son corps, lourd dans sa tête ! Le voyageur avait appris avec les années à considérer la vie avec légèreté. Il savait maintenant mieux faire la différence entre le grave et l'important. L'argent, le matériel, le travail, tout cela était important mais pas grave. La santé, la vie, l'amour, les enfants, la spiritualité sont plus qu'importants. Entre le grave et l'important, le voyageur arrivait à mieux se focaliser sur le grave et à donner moins d'importance à l'important.

La légèreté vis-à-vis d'une situation pour lui ne voulait pas dire qu'il devait s'en désintéresser. Cela nécessitait de ne pas s'y attacher pour rester libre et léger
Les voies entre détachement et attachement, entre résignation et acharnement étaient parfois difficiles à trouver. Le voyageur avait lu le Manuel d'Epictète : il était resté abasourdi de la froideur de certains de ces principes.
– Ne dis jamais, sur quoi que ce soit : « J'ai perdu cela » mais : « Je l'ai rendu. » Ton fils est mort ? Tu l'as rendu. Ta femme est morte ? Tu l'as rendue. On t'a pris ta terre ? Voilà encore une restitution que tu as faite.
– Mais celui qui me l'a prise est un méchant.
– Que t'importe par les mains de qui celui qui te l'a donnée a voulu te la retirer ? Pendant qu'il te la laisse, uses-en comme d'une chose qui ne t'appartient point, comme les voyageurs usent des hôtelleries.
Ne pas être attaché aux choses était relativement facile à faire : après tout, lorsque vous avez fait l'expérience de rester dix ou quinze jours en vacances quelque part, en dehors de vos repères habituels, vous apprenez à vous détacher des aspects matériels de ce qui vous entoure habituellement. Ne pas être attaché aux êtres représentait en revanche pour le voyageur une notion terriblement ambigüe, si difficile à comprendre et à atteindre. Pourtant, ce non-attachement-là semblait si terriblement efficace pour passer des caps difficiles, des accidents de la vie, des épreuves inimaginables ! Toutes les personnes qui ont perdu un être cher le savent. « Le non-attachement ? Comment adopter cette attitude sans tomber dans l'indifférence ? » se dit le voyageur en trébuchant sur une pierre. Il n'avait pas la réponse, ou pas encore.

Le sac manqua le faire tomber. Le voyageur pensa que la légèreté ne résidait en effet, pas seulement en soi. Ce qu'il portait avec lui pesait sur ses épaules : douze kilos sur les épaules, ça se sent, au début. Mais au bout de quelques jours de marche, cette sensation disparaissait. Le corps avait de si grandes capacités à s'habituer à une charge supplémentaire que cela l'étonnait à chaque fois. Ce n'était pas le cas du « sac à émotions » que nous portons tous les jours sur notre conscience et qui nous charge de son poids : nos expériences, nos remords, nos regrets, nos ressentiments, nos nostalgies, nos culpabilités, nos désirs, nos rêves. Autant est-il facile de contrôler le contenu de son sac ou de sa valise en préparation d'un voyage, autant, cela l'est moins lorsqu'il s'agit de son sac à émotions. Et au cours des années, ses épaules s'étaient tant chargées que son sac commençait à peser lourd. Cela représentait un vrai travail de jeter ce qui ne lui était pas nécessaire, un peu comme quand il triait son courrier, ses armoires, ou ses archives. Et c'est en partie ce qu'il venait faire en s'isolant sur ces chemins escarpés. Ce travail ne pouvait se faire qu'en s'interrogeant sur l'utilité des émotions conservées. En effet, les émotions inutiles devaient être impitoyablement recherchées et annihilées. Conserver de la rancœur contre quelqu'un alors que nous ne sommes plus en lien, garder un regret de ne pas avoir dit oui à un amour qui passe, en vouloir à ses parents d'avoir été malmené dans son enfance, ne pas se pardonner d'un écart d'humeur avec un de ses enfants, regretter de ne pas avoir accepté un nouvel emploi à l'étranger, tous ces sentiments pèsent lourd et sont proprement inutiles. Commencer par se poser les bonnes questions sur notre cas pour les émotions que nous générons nous-mêmes représentait donc un premier travail avec l'objectif de supprimer les émotions inutiles.

Le deuxième travail consistait à se séparer des charges transmises par ses parents, sa famille. Que pouvait-il faire de cet héritage parfois pesant ? Il savait qu'il portait sur lui des traces léguées de son passé et qui ne lui appartenaient pas : un goût prononcé pour la confrontation dans laquelle il n'était pas à l'aise, une propension à vouloir absolument amasser des biens alors que ce n'était pas ce qu'il désirait, une culpabilité de ne pas avoir embrassé la carrière que ses parents rêvaient qu'il fasse.

C'est un travail quotidien de faire le tri de ce qui nous appartient ou pas, de ce qui est grave ou pas, de ce qui dépend de nous ou pas, et la marche représentait une belle métaphore de ce chemin de vie

Il s'arrêta pour sortir son carnet et croqua ses amies les cigognes en plein vol. Au-dessous de son dessin, il écrivit « Voyager léger » et les conseils qu'il en tirait.

Voyager léger ; comment faire ?

- Donne la priorité à ce qui est vital
- Jette régulièrement les poids du passé.
- Ni attachement, ni détachement : trouve la troisième voie.

Le héron

Vivre la solitude

Parti à l'assaut d'une colline qui lui semblait sans fin, le voyageur finit par parvenir à son sommet et repéra une souche accueillante à l'ombre d'un grand chêne afin de se reposer. Il posa son sac au sol et son regard se fixa sur un étang niché au creux d'un écrin vert, étincelant au soleil de midi. Les saules pleureurs mouillaient leurs branches comme des baigneuses leur chevelure, une fière haie de roseaux surmontés de leurs cigares noirs bordait l'eau comme pour la contenir, les nénuphars offraient leurs feuilles épaisses et grasses aux nombreux insectes et batraciens qui peuplaient cet havre de fraîcheur.

La vue du voyageur commençait à s'habituer au contraste créé par la réverbération de la lumière sur l'eau et l'ombre des arbres. Il distingua alors, une forme longue à l'abri d'un grand bouleau, un bel oiseau, gris, immobile, avec un long bec, un long cou, de longues pattes. Le voyageur, intrigué, se releva de son ombre fraîche et se dirigea avec précaution vers l'étang. Il s'approcha doucement, à petits pas, en faisant des arrêts réguliers pour s'assurer de ne pas effaroucher l'oiseau. Parvenu au bord de l'étang, il s'arrêta sans même oser poser son sac. Le héron se trouvait à quelques mètres de lui. Il semblait dormir. Cela permit au voyageur d'admirer l'élégance de cet oiseau, perché sur une seule de ses pattes.

Tout à coup, le héron ouvrit un œil, tourna la tête vers le voyageur et ouvrant le bec, lui dit ;

–Bonjour cher monsieur.

Le voyageur surpris, non pas par le fait que le héron parle –il était maintenant habitué à parler avec des animaux- mais par l'amabilité du héron cendré.

–Bonjour cher oiseau. Vous êtes très aimable. Je craignais de vous déranger. Vous sembliez dormir.

–Non, non, je vous en prie. Je chasse en fait. Si une proie passe à proximité, je peux en faire mon déjeuner.

–Je comprends. Vous restez immobile longtemps ?

–Cela peut durer longtemps oui. Cela dépend de ce qui se présente : mes proies ne se jettent pas toujours dans mon bec d'une manière volontaire et enjouée, fit l'oiseau un peu taquin. Je suis obligé de rester immobile pour devenir un élément du paysage des poissons ou des grenouilles, afin qu'ils se méfient moins. Je peux alors les prélever d'un coup sec, mais il faut que je sois rapide.

Le voyageur hocha la tête pour lui montrer qu'il comprenait.

– Et vous, comment chassez-vous ? lui demanda le héron.

– Oh ! Je ne chasse pas. Je me contente de manger ce que d'autres chasseurs ou cueilleurs me fournissent.

– Ah oui ?! Etrange ! Vous ne chassez pas vous-même alors ? Et comment faites-vous si ceux qui vous nourrissent se trouvent à court de nourriture ?

– Heureusement, dans nos pays, cela n'arrive plus. C'est d'ailleurs ce qui nous a permis d'abandonner la chasse ou la pêche directe. Mais, il y a de plus en plus d'initiatives dans nos villes pour revenir à une autonomie des habitants en favorisant la création de jardins individuels afin d'être moins dépendants et de choisir sa propre nourriture.

– C'est compréhensible. Vous avez l'air de revenir vers des pratiques plus naturelles. Mais, vous avez peut-être autre chose à faire qu'à cultiver votre jardin ?

– Oui. Beaucoup d'entre nous travaillent pour se nourrir- pour ceux-là, effectivement, devenir plus indépendants serait préférable- ou pour trouver une autre nourriture ; celle de l'esprit.

– Ah ! oui … ! fit le héron pensif. Je ne crois pas comprendre ce que cela veut dire.

– La nourriture de l'esprit correspond aux fruits de la réflexion pour produire des méthodes, des procédés de fabrication, des analyses mais aussi, tout ce qui a trait aux arts, à la littérature, au dessin, à la musique. La nourriture de l'esprit, c'est aussi tout ce qui a trait à quelque chose de plus élevé ; ce en quoi nous croyons à propos de nos existences, ce que nous sommes venus faire sur cette Terre, comment nous avons été créés…

Le voyageur, une fois encore, était parti dans d'étranges discussions avec… un héron. Il revint à ce qui était en train de se passer, grâce à l'oiseau.

– D'accord. Je crois mieux voir ce dont vous voulez parler, fit le héron, visiblement satisfait. Et qu'est-ce qui vous amène dans nos contrées ? relança-t-il.

– Je voyage à pied et j'aime beaucoup cette région. En plus, j'y fais des rencontres enthousiasmantes et vous en faites partie, répondit le voyageur. Puis-je me permettre de vous poser quelques questions ?

–Bien entendu. Là, de toutes façons, les grenouilles sont toutes parties, dit le héron un peu narquois. Mais ne vous inquiétez pas, elles reviendront.

–Justement, cela faisait partie de mes interrogations. Vous nichez toujours par ici ou vous changez d'endroit ?

–Tant que j'ai de la nourriture et que le climat est doux, je peux rester au même endroit. En revanche, il m'arrive régulièrement de m'envoler pour aller plus au Sud, trouver d'autres sources ou pour retrouver d'autres de mes congénères pour nous reproduire.

–A côté de chez moi, en pleine ville, il y a un petit bassin, rempli de grenouilles au printemps et j'y vois souvent un de vos semblables venir nicher dans un grand pin tout à côté.

–Oui, cela nous arrive. Nous n'avons pas peur des humains ou de la ville.

–Et vous êtes toujours seuls, comme maintenant ?

–Oui, le plus souvent. Nous aimons bien cela. Notre mode de pêche est très spécial et si nous étions trop nombreux au même endroit, le résultat serait beaucoup moins efficace.

–Oui, mais d'autres espèces, comme les flamands roses, par exemple, vivent toujours en groupe ?

–Oui, en effet, fit le héron, perplexe. Je ne sais pas pourquoi les flamands se comportent comme cela. Je sais que, pour moi en tous cas, rester seul est quelque chose que j'apprécie. Le sentiment de liberté est tellement supérieur à celui de solitude !

Après tout, à part lui-même, qu'était-il venu chercher sur ce chemin perdu, seul au milieu du monde et en dehors du monde, au cœur de la nature, au cœur de lui-même? La marche lui procurait ce bien-être ; se retrouver face à soi. Pas de masque, pas de rôle, juste soi face au monde, le petit monde du « petit » - petits insectes, petits brins d'herbe, petites aiguilles de pin, petits cailloux- et le grand monde du « grand », grands espaces, grands mouvements, grandes transformations. La marche exacerbait cet écart entre grand et petit, modifiait l'émotion associée à ce décalage de perspective. L'œil et tous les sens étaient en permanence stimulés par de l'infiniment petit et de l'infiniment grand. Le voyageur se souvint de profondes émotions ressenties en découvrant un cirque fabuleux de montagnes hautes de plus de six mille mètres ; se voir au cœur d'une telle immensité c'est se savoir appartenir à une immensité plus grande encore. La sensation d'être une minuscule particule vivante n'empêche bizarrement pas le sentiment de puissance - au sens de « pouvoir quelque chose » - sur cette immensité qui ne nous submerge pas mais nous embrasse.

Se retrouver : expression bizarre ! Comme si nous nous étions perdus ?! Pourquoi éprouvons-nous le besoin de « nous retrouver » ? Nous perdons-nous régulièrement pour éprouver le plaisir de retrouver ce « vieil ami perdu » ? Surement. En tous cas, le héron avait bien raison. Lui, le voyageur, s'épanouissait pleinement dans ces moments de solitude où, caché du monde, il avançait sur la surface de ce globe, pour aller vers nulle part, pour seulement avancer, pour aller à la rencontre de lui-même. Mais, bon, le voyageur pensa qu'il pourrait tout aussi bien le faire autrement. Alors pourquoi mettre tant d'énergie dans la préparation de ses périples lointains, tout ça pour se retrouver seul face à lui-même ?

Un peu perdu dans ses pensées, le voyageur n'avait pas vu le jour baisser. Il se reprit et dit au héron.
– Merci beaucoup pour cet échange. Je m'interrogeais justement sur ce que je venais chercher dans mes marches solitaires. Vous me l'avez permis et je vous en remercie.
– Merci à vous. Vous m'avez appris des choses. Et puis, on ne rencontre pas tous les jours un humain qui veut bien parler à un héron …
– Je n'avais pas vu les choses comme cela mais vous avez raison : pour parler à un héron, il faut d'abord le vouloir, fit le voyageur en souriant.

Alors, le héron s'envola lourdement pour rejoindre son nid.

Le voyageur reprit sa marche. Cela posait la question de la solitude. La solitude a un goût parfois amer mais probablement lorsque la solitude est synonyme d'isolement, sans plus de lien avec le monde. L'individualisme est synonyme d'égoïsme, et l'égoïsme peut rendre amer. « *Le solitaire est un diminutif du sauvage accepté par la civilisation* » disait Victor Hugo. L'homme fait partie d'une espèce sociale, et, pour cela, tout humain a besoin d'échanger avec ses congénères, sauf lorsqu'une maladie psychiatrique l'en empêche. Centré sur lui, le solitaire individualiste devient acerbe. L'individualité, au contraire, développe une conscience de soi au milieu des autres et au milieu de ce qui nous entoure. Il ressentait très profondément sans pouvoir l'expliquer, les niveaux d'implication de cette dimension dans la vie quotidienne de tous ceux qui vivent avec les autres. « La solitude n'est pas l'isolement » lui avait dit le nomade. Même solitaires, certains savent vivre avec les autres. La solitude de Napoléon, de Gandhi ou d'Einstein sont légendaires. D'autres pourtant visiblement très entourés vivaient isolés ; Marylin Monroe, à cause de sa mise sur orbite trop rapide et son manque de confiance en elle semble en avoir fait les frais. Neil Armstrong, après une mise sur orbite pourtant contrôlée, ne s'est jamais remis de cette expérience après avoir posé le pied sur la Lune. La solitude, le fait d'être seul, n'est donc pas en lien avec le bien-être. De même que le fait d'être entouré n'est pas synonyme de plénitude. La question se place ailleurs.

L'Humanité est constituée d'humains, le monde minéral d'éléments minéraux, le monde astronomique d'éléments astronomiques, le monde biologique d'éléments biologiques.

« A quel ensemble appartenons-nous ? » se dit le voyageur. Cet ensemble est constitué de milliards d'éléments organiques, biologiques, minéraux : chaque élément était constitué d'éléments plus petits encore, à l'infini. Être en tant qu'individu représentait donc déjà un sacré travail puisqu'il fallait nouer, construire, amalgamer autant d'éléments si différents pour en faire quelque chose de cohérent. Pourtant tous ces éléments semblaient si différents... Il imaginait tous les éléments de son corps, disséminés sur un immense drap blanc. Comment pouvait-on penser que cela constituerait un individu une fois tous ces éléments rassemblés ? Un individu était fait de briques et de brocs et même si la médecine et les neurosciences avaient fait des bonds de géant en quelques dizaines d'années, cet individu naissait, respirait, grandissait, riait, réfléchissait, réagissait, vivait, après un processus qui restait nébuleux et imprévisible. Une fois en conscience d'être, chaque individu acquiert une conscience d'appartenance à un ensemble d'autres individus qui lui ressemblent - sa famille, ses amis, ses voisins - puis à un système plus grand - sa ville, son pays, sa culture - puis à un système encore plus grand - son continent, sa planète, son univers. En revanche, comme emportés dans une Montgolfière, nous sommes des êtres dont la conscience semble dépendre des sacs de sable que nous emportons avec nous. Plus légers, nous voyons d'une manière plus large et plus claire. Plus lourds, nous voyons peut-être clair mais de manière plus limitée. Il avait eu une confirmation flagrante de cela quand il en avait discuté avec ses amies les cigognes.

43

Chaque individu a-t-il conscience de cette appartenance à plus grand que lui ? Comment développer cette conscience qui lui semblait être le point de départ d'une solidarité accrue ? Même seuls au cœur de l'immensité, il avait constaté que les nomades avaient développé cette conscience : était-ce parce qu'ils se sentaient plus en danger, plus fragiles, plus vulnérables ? Il ne le pensait pas puisque lorsque les individus se sentent en danger, il est assez rare qu'ils prennent la décision de s'isoler : ils se regroupent au contraire. La vulnérabilité ne semblait donc pas une bonne piste pour expliquer cette conscience et cette solidarité d'appartenance à une collectivité de même nature. Le voyageur était frappé de voir que, dès qu'il se mettait sur un chemin, les autres voyageurs lui disaient bonjour, ce qui était loin d'être le cas dans sa ville. Les motards, les navigateurs, se signalaient aussi leur solidarité en se faisant signe de la main. Et dans tous ces exemples, ce sentiment d'appartenance témoigné se caractérisait aussi par des épreuves, des expériences, des voyages solitaires. L'émotion est au cœur de l'individualité. L'absence d'émotion est au cœur de l'égoïsme. « *La tristesse vient de la solitude du cœur* » disait Montesquieu et le voyageur complétait volontiers par « *et non de la solitude de l'être* ».

Il finit par se dire qu'une des raisons qui poussait les nomades à se retrouver seuls résidait justement dans le fait de se retrouver face à eux-mêmes, face à la nature, face à plus grand qu'eux. Philippe Croizon, amputé des quatre membres à la suite d'une électrocution, avait fait cet exploit de traverser la Manche à la nage, de rejoindre les cinq continents, puis d'enchaîner les exploits sportifs; au-delà de la pure performance résidait un bénéfice secondaire entre le changement de soi et la douleur de le vivre. Le changement est l'acte solitaire par excellence : nous devons tous puiser dans nos ressources personnelles dans ces moments de changements importants pour parvenir à le surpasser, à se surpasser pour « passer plus haut ». Le voyageur se dit que dans ces moments-là, la solitude était non seulement obligatoire mais salvatrice.

D'un autre côté, les grands changements ne se manifestaient que par des phénomènes collectifs : évolution des modes de vie, migration d'oiseaux, ou révolution des peuples, tous semblaient se passer en groupe, ou en tous cas, devaient passer par cette étape indispensable. En même temps, au cœur de ces transformations, l'individu est seul face à l'événement ; il doit mettre en œuvre ses propres ressources pour affronter le changement. Il est aidé bien sûr par les autres autour de lui à ce moment-là mais il doit trouver seul où puiser en lui pour surpasser et se surpasser ; un peu comme un maquereau au milieu de son banc attaqué par un groupe de prédateurs. Seul, tu n'aurais peut-être pas été inquiété, mais entouré de congénères, tu es attaqué, et le groupe te protège. Mais si le prédateur s'approche de toi, ne fais confiance qu'à tes propres ressources pour en réchapper.

Lorsqu'il commençait à marcher, sa seule activité finalement était de marcher ; pas très utile pour l'Humanité ! Ah si ! Il devait aussi s'occuper de sa nourriture, de l'entretien de ses vêtements, de la programmation de la journée suivante ! Bon ! Toujours pas très utile pour l'Humanité ! Être nomade, c'était donc être égoïste ? Être nomade c'était donc faire des choses d'abord pour soi ou pour ses proches avant de penser à l'utilité aux autres ? La réponse à cette question était complexe. La différence entre individualisme et individualité ou plutôt le passage de l'un à l'autre représentait, à l'esprit du voyageur, un critère d'éveil à une réalité plus grande que soi. Être conscient de son individualité, de sa singularité, de ses forces et faiblesses passait surement par une sorte de centrage sur soi avec les autres autour, de conscience de soi au milieu des autres. Certains en restent – ou en reviennent- à l'égoïsme, d'autres passent à une conscience de soi pour et avec les autres. Et les nomades semblaient avoir cette qualité comme partie intégrante de leur socle individuel et collectif. Loin de l'égoïsme, de tout égotisme ou d'individualisme, l'individuation représentait la construction de soi au sein d'un système constitué d'autres personnes. L'individualité permet de connaitre ce qui nous constitue, ce qui nous plait, ce qui nous déplait, ce que nous attendons des autres, ce que nous pouvons apporter aux autres. La conscience de notre individualité nous permet de vivre avec les autres, en conscience de leurs individualités, assurément différentes de la nôtre. A contrario, l'individualisme n'est tourné que vers soi, ne cherche qu'à assouvir ses propres besoins, ses propres désirs, au détriment de l'autre ou en tous cas sans chercher à prendre l'autre en considération.

L'individualité sert donc la vie en commun. L'individualisme la détruit. Et les nomades semblaient naturellement enclins à l'individualité et la solidarité.

Il conserva cette piste en tête pour voir s'il pouvait vérifier son bien-fondé et s'intéressa à ce qui l'entourait.

Cette question de l'isolement restait en fait encore trouble et contradictoire pour le voyageur. Être nomade ou avoir l'esprit nomade passait en tous cas, certainement par une grande capacité à savoir vivre la solitude. Bouger implique de se retrouver seul avec soi-même, ou face à soi-même et de l'accepter. Le nomadisme demande une belle énergie. Face à la difficulté, chacun d'entre nous, même s'il est entouré, encouragé, soutenu, se retrouve seul ; nous devons alors trouver les ressources nécessaires pour avancer, continuer, progresser. Ces ressources, nous devons les trouver en nous. Le voyageur se souvint alors d'une histoire ; Itzhak Perlman, violoniste, considéré comme un des plus grands virtuoses du XXème siècle, a la particularité d'être atteint de poliomyélite depuis l'âge de quatre ans. Cette maladie infectieuse avait occasionné chez lui des dommages irréversibles sur ses membres inférieurs, l'empêchant de marcher normalement. Le 18 novembre 1994, Itzakh Perlman entra sur la scène du Lincoln Center pour donner un concert. Après son rituel que ceux qui l'ont déjà vu en concert ne peuvent oublier – entrée majestueuse et pourtant claudicante avant de retrouver sa chaise : desserrement de ses bandes herniaires, une jambe en avant, une jambe placée en arrière, le violon calé sous sa joue pour l'accorder à l'orchestre- les premières notes symphoniques firent entendre le bruit caractéristique d'une corde brisée. Tout autre violoniste aurait demandé au chef d'orchestre d'arrêter le concert, le temps de changer la corde cassée. Itzhak Perlman, au contraire, fit signe au chef de continuer. Il termina le concerto sur trois cordes. Les transpositions, les ajustements, les changements nécessaires à cet exploit sont considérés comme ahurissants par tous les mélomanes avertis. A la dernière note du concerto, après un silence impressionnant, le public, debout, acclama le virtuose, criant, hurlant sa joie d'avoir vu un tel exploit. Itzhak Perlman répondit de manière assez inattendue *"Vous savez... parfois... la tâche d'un artiste est de découvrir quelle musique il peut encore faire avec seulement ce qu'il lui reste ou ce qu'il a perdu"*.

Cette histoire emblématique des ressources immenses et souvent insoupçonnées que nous sommes capables de mobiliser pour affronter une situation inconnue nous parle aussi de pari, de défi, de dépassement.

L'histoire d'Itzakh Perlman représentait aussi à ses yeux la solitude du musicien au cœur d'un orchestre : le musicien est à la fois seul et entouré. Au moment du concert, il est là, avec ce qu'il est, avec ses émotions, avec ce qu'il croit important, ce qu'il sait faire, tout ce qu'il a pu préparer, tout ce qu'il a pu emmagasiner de réflexes, de liens, de moyens de mémorisation, tous les gestes qu'il a répétés des heures entières, seul ou en groupe. Mais au moment du concert, il est là aussi avec les autres musiciens. Le violoniste joue avec les autres violons et il devra d'abord s'harmoniser avec eux. Ensuite, il jouera avec les altos et les violoncelles dans le premier cercle qui entoure le chef d'orchestre. Juste derrière lui, le violoniste aura un piano, si la pièce de musique le nécessite, les cuivres et les instruments à vent. Plus loin en face de lui, les contrebasses complètent le deuxième cercle. Et puis le troisième cercle des percussions ferme le rang de sa vision, de son audition, de son appréhension de l'ensemble. Lors d'un évènement musical qui demande à un orchestre de s'adapter à des conditions inhabituelles, comment penser les gestes du violoniste face à sa partition autrement qu'un geste solitaire contribuant à un résultat collectif magnifique ? Ceci n'est pas le cas, semble-t-il, lorsque l'orchestre joue quelque chose d'habituel dans un contexte normal. Le voyageur en avait discuté longuement avec un ami violoniste professionnel d'un orchestre allemand. La routine créait de la compétition, pas de la solidarité. Un événement important, un chef invité prestigieux, un auditoire hors du commun, une tournée inédite, tout cela générait les conditions qui permettaient la reconnaissance de chacun dans sa responsabilité au résultat de l'œuvre commune créée : l'individualité au service de l'ensemble.

Ces mêmes schémas se retrouvaient dans le sport, le théâtre ou le cinéma, autant de mondes dans lesquels les individualités sont fortes et la compétition au cœur de tous les instants.

Dans l'esprit du voyageur, ceci militait donc en faveur de la mobilité, du nomadisme, du changement pour générer une plus grande conscience que l'individu peut avoir de ses forces et ses faiblesses au profit du collectif. La sédentarité rendait égoïste et conscient de la valeur de ses forces pour soi-même, le nomadisme rendait conscient de la richesse de son individualité pour les autres.

« Faire partie de » représentait à ses yeux un cadre structurant indispensable à la Vie. « Faire partie de » sans « dépendre de » représentait en revanche pour lui un défi quotidien.

-En tant qu'élément humain, je participe à ce que vit l'Humanité. J'ai le sentiment que, de temps en temps, savoir m'en détacher, sans m'en extraire, m'aiderait à mieux le vivre. J'aimerais aussi parfois m'en sentir totalement et définitivement solidaire sans pour autant me sentir attaché, lié, ligoté, soupira le voyageur.

Il repensa à des causes, des amours, des accidents de vie, au cœur desquels ce point médian entre attachement et dépendance, ce « milieu » entre détachement et non-attachement lui avaient fait défaut. Décidément cette question revenait comme une rengaine dans l'esprit du voyageur : il se dit que cette marche allait peut-être lui donner des éléments de réponses.

Il reprit conscience de ce qui l'entourait et visant le ciel qui s'obscurcissait, il se dépêcha de dessiner un croquis de son curieux héron bavard et solitaire qui l'avait amené là.

Une fois le dessin terminé, il nota en marge: « Vivre la solitude » et les conseils qu'il en tirait.

Vivre la solitude ; comment faire ?

- Offre- toi un moment de solitude une fois par jour.
- Prends soin de toi pour prendre soin des autres.
- Même seul, tu es entouré.

Le moustique

Rester vigilant

La nuit tombait et le voyageur hâta le pas vers un vallon qu'un randonneur lui avait indiqué et où, lui avait-il dit, il trouverait un abri confortable. Une fois arrivé, l'accueil qu'il reçut le réconforta : l'endroit tenait ses promesses. Toutefois et sans savoir pourquoi, ses sens se mirent aux aguets. Il s'installa dans le gîte, prit une douche et attendit que le repas fut servi, en repensant à sa journée.

Une cloche se fit entendre pour signifier aux voyageurs que le repas était servi. Plus de dix convives se rassemblèrent autour de la table. La nourriture était bonne et abondante. Les discussions s'entrechoquaient. Les rires fusaient. L'ambiance devenait pourtant électrique mais, il semblait que personne ne s'en apercevait. Tout à coup, un orage éclata. D'un bond, notre voyageur fut debout. Il fonça au premier étage où il avait laissé ses affaires. Il surprit un des convives qu'il n'avait pas vu quitter la table, en train de fouiller dans son sac.

–Que faites-vous là ? lança-t-il

L'autre, sans attendre, lâcha tout et partit en courant. Il le poursuivit jusque dehors où la pluie commençait à tomber à verse. Le voleur disparut dans la nuit. Le voyageur remonta dans sa chambre en repensant au culot du voleur. Il se demanda aussi quel avait été le signal qui l'avait décidé à quitter la table ; probablement un ensemble de petits signes, de l'électricité dans l'air, une sorte d'absence temporaire pour aiguiser ses sens vers autre chose, un sentiment que le temps se concentre, se densifie.

–Être sur ses gardes reste une qualité indispensable lorsqu'on n'est pas chez soi, n'est-ce pas ?

Quelqu'un dans le noir lui avait lancé cette question, comme s'il savait ce qui s'était passé depuis le début de la soirée. Le voyageur orienta le faisceau de sa lampe vers le coin de la pièce d'où provenait la voix. A sa grande surprise, il ne vit personne. Il mit cette hallucination sur le compte de la fatigue et alla se coucher. Dès qu'il éteignit la lumière, il entendit le bruit caractéristique d'un moustique. Après plusieurs tentatives pour tuer le dérangeur, il entendit la même voix lui dire dans le noir ;

–Être sur ses gardes reste une qualité indispensable, vous ne trouvez pas ?

–Vous voulez parler de vous ou de moi ? s'entendit-il répondre.

–De vous, de moi, de tout le monde, dès qu'on n'est pas chez soi, répondit la voix.

– C'est vrai ! D'ailleurs tout à l'heure, heureusement que j'étais sur mes gardes ! Encore un peu, et je me faisais voler !

– Et moi, heureusement que j'étais sur mes gardes, sinon c'est vous qui m'écrasiez contre votre épaule !

Notre homme, interloqué chercha à en savoir plus.

– Et pourquoi vous me dites ça ? lui dit-il.

– Seulement pour discuter un peu. On n'a pas toujours l'occasion de discuter avec un spécialiste de la mobilité et de l'adaptation.

– Ah bon ? Je suis un spécialiste de la mobilité et de l'adaptation ?

– Bien sûr. Vous bougez tous les jours et vous devez vous adapter en permanence. Et moi aussi.

– Comment savez-vous ça ? fit le voyageur.

– Ça se voit. Vous avez un gros sac sur le dos.

– Ah ?! Vous avez remarqué cela ?

– Oui. Bien sûr. Nous n'avons pas nos yeux dans nos ailes, fit le moustique en les faisant vrombir.

Après avoir changé de position pour se rapprocher du marcheur, le moustique reprit.

– Savez-vous que nous sommes les champions de l'adaptation aux insecticides que les services sanitaires essaient de mettre au point pour lutter contre nous ? Nous nous adaptons très vite en opérant des mutations.

– Et vous faites ça pour ne pas mourir n'est-ce pas ?

– Bien sûr, mais pas seulement.

– Là, vous m'intéressez beaucoup, cher ami moustique ! Et pour quoi d'autre alors ?

– Pour progresser bien sûr ! Jour après jour, épreuve après épreuve, dès que nous résistons en mutant, nous apprenons et en apprenant, nous progressons et nous nous protégeons de mieux en mieux.

Le voyageur hocha de la tête et s'exclama.

– Moi aussi, je fais ça quand je marche, bien sûr. J'apprends tous les jours de mes épreuves.

– N'est-ce pas ? dit le moustique.

– C'est une belle leçon que vous venez de me donner là ! Merci beaucoup, fit l'homme.

– Et vous, que pouvez-vous m'apprendre sur l'adaptation pour que je progresse encore? s'amusa le moustique.

L'homme réfléchit et prit un air grave en repensant à ce que lui avait dit le héron.

– S'adapter, c'est aussi vivre la solitude. Je crois que modifier sa manière de faire est un acte très solitaire. Nous nous retrouvons tous face à nous-mêmes à l'heure du changement.

Le moustique leva les yeux au ciel en marque de réflexion, puis hocha sa trompe en signe d'approbation.

– C'est bien vrai ce que vous venez de dire là, Monsieur ! lança l'insecte. Cela va nourrir ma nuit, et bien plus que l'échantillon d'hémoglobine dont je vous aurais volontiers allégé. Je vous souhaite un sommeil réparateur, cher voyageur !

Notre homme entendit le moustique quitter la chambre. Avant de s'endormir, il prit son carnet et inscrivit ces mots à la suite de ceux qu'il avait écrits tout à l'heure : *Rester vigilant*

Satisfait, il éteignit la lumière et s'endormit très vite.

Le voyageur glissait dans un énorme toboggan. Il allait vite. Ça ne ressemblait pas à un jeu. Il était comme entrainé vers l'inconnu, un inconnu grisant mais inquiétant. Les parois du toboggan, entre métal et végétal, lui étaient bizarrement familières. Il descendait, descendait, descendait. La descente était vertigineuse, sans fin, sans but lui semblait-il. En tous cas, il n'en voyait pas le bout. Le toboggan était comme suspendu en l'air : aucun pylône, aucun câble, aucun support, ne venait entraver la vue de ce demi-tube vert infini dans lequel il se trouvait emporté. Il était seul ; personne dans le toboggan, personne à l'extérieur. Aucun bruit, aucune odeur, aucune présence, une ambiance de vide sidéral et sidérant. Solitude absolue, vitesse ahurissante ! A part son expérience, tout ce qui l'entourait était comme une absence infinie, une non-existence, un trou noir dans le « rien ». Oppressante impression, vision d'un néant nié, sensation d'abandon et d'absence de maitrise, le voyageur-glisseur se laissait envahir par cette curieuse apesanteur. Lorsqu'il tentait de se freiner en faisant frotter ses pieds aux parois du tube, ses pieds traversaient la fine membrane. Lorsqu'il tentait de le faire avec ses mains, l'effet était identique. Concentré sur son corps, apeuré par le risque du vide, il se plaçait du coup au centre du tube pour éviter de tomber. Il ne comprenait pas pourquoi son corps ne traversait pas la membrane. C'était seulement lorsqu'il voulait forcer que la paroi se dérobait. Son poids ne semblait pas provoquer de déchirure. Comme un obus lancé, le voyageur-glisseur suivait les circonvolutions du tube qui, au gré des espaces vides, prenaient des allures de grand huit. Au loin, tout à coup, il crut voir une main tendue au bout d'un bras immense d'une personne qu'il ne pouvait distinguer. La main grandissait en même temps qu'il s'approchait. Démesurée, elle semblait maintenant lui barrer le chemin, bloquant le tube qui passait à travers elle. La main devenait mur et le mur s'approchait maintenant à une vitesse hypersonique. Le voyageur-glisseur ferma les yeux très fort, pensant son dernier jour arrivé : il allait s'écraser contre cette main qui, avait-il cru, allait l'aider à sortir de cette folie. Au moment de l'impact, le voyageur se réveilla en sursaut et en sueur.

Il conservait encore toutes les sensations de ce rêve hors normes. La solitude revenait encore le travailler même dans son sommeil. Oui, le changement se vivait solitaire et c'est dans le lâcher-prise que le changement réussit. Mais son inconscient lui avait là envoyé un message de plus. Mais lequel ? Que représentait cette main tendue qui devenait sa perte ?

Un éclair de conscience vint alors illuminer sa compréhension : le rêve qu'il venait de faire venait probablement tenter de guérir une partie de la peur liée à l'amour que les autres lui offraient et qui pouvait selon lui, ralentir sa progression. Le voyageur n'avait jamais su réellement comment gérer le lien à l'autre sans tomber dans la dépendance mais il était maintenant sur le chemin de cette révélation. Quel beau rêve !

Il se retourna pour se rendormir et sourit. Il eut alors une deuxième illumination. C'était évident ; ce toboggan en forme de spirale représentait son ADN, son propre programme, son chemin personnel.

A son réveil, le voyageur, après un rapide passage dans la salle de bains, s'habilla, refit son sac soigneusement et descendit prendre son petit déjeuner. La maitresse de maison l'accueillit d'un joyeux bonjour. D'autres voyageurs étaient attablés et discutaient bruyamment de leurs itinéraires du jour. Ils ne semblaient pas être d'accord. Le voyageur ne les écoutait que peu, se concentrant sur la préparation de son premier repas du jour. Important de soigner ses ressources quand on marche : le petit déjeuner est crucial si on veut tenir la journée sans fatigue. S'adressant à son hôtesse, il lui demanda si elle connaissait la personne qui s'était enfuie la veille. Elle lui répondit.

–Non ! Vous savez ici, les gens passent mais ne reviennent que rarement. Mais j'étais en colère. C'est la première fois que ça arrive ici. Je suis vraiment désolée. Il ne vous a rien volé au moins ?

–Non mais heureusement que je suis monté à ce moment-là. Il s'est enfui par la porte qui donne sur la chambre d'à-côté. J'espère qu'il n'y a rien volé.

–Non. J'ai posé la question à tout le monde ce matin. Tout va bien. Rien ne manque. Dans sa fuite, il n'a laissé qu'une partie de ses affaires : une sacoche qui renfermait quelques biscuits, un couteau et une carte de la région. Je vais avertir les autres gîtes d'étapes de faire attention. Nous devons rester vigilants.

–Absolument, fit le voyageur d'un air entendu, repensant à son curieux dialogue avec le moustique.

Après avoir réglé son séjour, le voyageur se remit en route d'un pas vigoureux. Tout cela commençait à se mélanger dans sa tête, tout cela devenait un peu confus. Il savait qu'il apprenait mais à quoi tout cela allait lui servir ? En tous cas, le jour était clair, l'air frais du matin énergisant, la nature autour de lui accueillante. Il se laissa donc porter par ses pas, profitant de ce beau moment.

Être attentif aux dangers, rester vigilant est un gage de longévité des nomades, c'est bien connu. Seul, la nuit, en pleine nature, exposé, il est difficile de dormir profondément. Le jour aussi, en terre inconnue, les sens s'aiguisent, se précisent, l'ouïe plus tendue, la vision plus précise, plus périphérique, le corps entier comme un capteur de signaux. Cette attention permanente nécessaire lorsque l'environnement devient moins familier, lui rappela un personnage de la mythologie grecque, Kairos, jeune éphèbe qui ne porte qu'une touffe de cheveux sur la tête. La légende dit que, lorsqu'il passe à notre proximité, trois événements peuvent se produire. Première hypothèse : on ne le voit pas, et donc, tout naturellement, on ne réagit pas. Seconde hypothèse ; on le voit et on ne fait rien. Troisième hypothèse : on le voit et, au moment où il passe, on tend la main pour saisir sa touffe de cheveux et l'arrêter. Le Kairos représente une dimension du temps qui vient compléter la linéarité du Chronos. Lorsqu'il est en terrain étranger, le nomade aiguise ses sens, les met en alerte, il sort ses antennes. Son être tout entier embrasse ce qui l'entoure. Il est à l'affût des moindres détails, des moindres mouvements, des moindres modifications. Son intuition l'aide à « comprendre » plus rapidement son environnement et à attraper la touffe de cheveux du Kairos quand elle se présente. Cette attitude semblait naturelle en situation dangereuse, en terre inconnue ou soudainement modifiée. Notre instinct s'éveille dès que l'inconnu survient. Le danger nous fait dresser les poils sur la peau pour abaisser notre température, irrigue nos jambes pour courir plus vite, accélère notre rythme cardiaque pour assurer l'excès d'effort éventuel : instinct de survie oblige. Quelques centaines de milliers de générations nous ont légué cela. Face à un danger, nos neurones nous commandent toujours de nous préparer à courir en envoyant plus de sang dans nos jambes, alors que parfois, il serait préférable d'utiliser cette énergie pour réfléchir. L'inconnu d'une situation nouvelle sans danger immédiat ne semblait pas déclencher les mêmes réactions ; le voyageur faisait référence ici à toutes les situations nouvelles auxquelles nous devons faire face au quotidien dans nos vies modernes. Il pensait aux situations auxquelles il se retrouvait confronté pour s'adapter à un nouvel environnement. Il se rappelait par exemple la fois où il avait dû apprendre à se servir d'une nouvelle version du système d'exploitation de son ordinateur. Il ne se souvenait pas avoir senti les poils de ses bras se hérisser, ni senti son cœur s'accélérer, ni ses jambes prêtes pour un cent mètres. L'être humain en terre « abstraite » inconnue semblait avoir développé des qualités analytiques et scientifiques très utiles, mais parfois insuffisantes.

La priorité de la survie nous permet de gérer l'essentiel : « Vais-je me blesser ? Vais-je mourir ? Les miens sont-ils en danger ? ». Mais au quotidien, ce n'est plus le genre de questions auxquelles nous avons à répondre. L'être humain face à des situations qui ne présentent pas de risque vital, se recentre sur ses grandes facultés d'analyse et de déduction, mais cela le coupe de ses autres facultés. Les deux ou trois derniers siècles lui avaient demandé de tels développements pour intégrer du concret, du factuel, du logique que les dimensions abstraites, globales, émotionnelles et intuitives lui étaient maintenant cachées, voire interdites par les codes modernes. Les prises de décision, les avis, les opinions, les filtres qui font notre réalité aujourd'hui n'ont rien à voir avec les décisions de survie que les nomades ont à accomplir. Et pourtant, n'y avait-il pas là une piste pour revenir à des fondamentaux qui ont fait notre survie et qui feront aussi notre futur ? Le voyageur sentait bien que ces réflexes de survie étaient appropriés aujourd'hui aux seules situations dangereuses. Face aux dangers de nos sociétés centrées sur l'informations, les datas ou encore la robotisation, les êtres humains devaient retrouver ces capacités intuitives chères aux nomades, pour embrasser les situations de la vie moderne. Cela nécessitait de savoir observer son environnement de manière plus attentive, mais aussi de prévoir de manière plus sûre un futur plus mouvant. Le voyageur pensait que les humains devaient développer des capacités qui nous permettent cette vigilance tout en gardant nos capacités habituelles à parler, penser, réfléchir, agir ou réagir ; comme une petite radio dans le creux de notre oreille, une micro-caméra dans le coin de notre rétine, une deuxième peau hyper sensible, qui viendraient compléter nos sensations tout en continuant à manger notre salade à la terrasse d'une brasserie.

Le voyageur se remit en marche, attentif et guilleret, poursuivant sa route vers sa prochaine étape. Ses pensées l'avaient emmené loin sans qu'il ne s'en rende compte. Un de ses pieds le faisait souffrir. Il s'arrêta et défit sa chaussure. Une vilaine ampoule lui apparut sur la plante de son pied. Il devait chercher une pharmacie dans le prochain village.

Avant de repartir, il en profita pour dessiner un moustique à côté de la phrase qu'il avait notée la veille dans son carnet et les conseils qu'il en tirait.

Rester vigilant ; comment faire ?

- Ecoute ton intuition.
- Agis sans défiance, ni confiance aveugle.
- Et si l'opportunité passe, sache la saisir.

La fourmi

Partager

La pente du chemin se faisait plus raide. Les villages se trouvaient très souvent au fond d'une vallée, en contrebas de collines ou de montagnes. Les départs du matin commençaient presque toujours par une grimpette. Les fins de journées de marche se terminaient presque toujours par une descente. Rares étaient les étapes en hauteur et c'est avec curiosité qu'il grimpa vers ce beau village perché dominant la vallée. Entre nid d'aigle et nid d'abeille, les maisons collées les unes aux autres étaient comme aspirées par la roche sur laquelle elles s'adossaient toutes.

Dès qu'il parvint au village, il se mit à la recherche d'une pharmacie. Sur une place rafraîchie par une fontaine d'eau de source, il visa une boutique qui semblait réunir café, restaurant, superette et distributeur de presse. Poussant la porte, il déclencha une sonnette semblant venue du siècle dernier. Il entra timidement cherchant du regard quelqu'un qui pourrait le renseigner. Il vit alors au fond de la boutique une caisse et derrière cette caisse, une dame. Se rapprochant, il se gratta la gorge, émettant ainsi l'espoir que la personne derrière sa caisse, le nez dans son menton, daigne lui jeter un regard. Après une nouvelle tentative, plus bruyante celle-ci, le nez de la personne se releva brusquement.

–Excusez-moi, fit la dame avec un sourire gêné, se débarrassant nerveusement de ses mots fléchés dans lesquels elle était plongée. Je ne vous avais pas entendu rentrer. Avec l'âge, vous savez...Vous désirez ?

–Je vous en prie. Il n'y a pas de mal. Je voulais savoir s'il y avait une pharmacie dans le village ?

–Ah ! Ça non ! Il n'y en a plus ! Ils l'ont fermée après le départ à la retraite de notre pharmacien. La plus proche est à plus de douze kilomètres. Remarquez, ils l'auront bien cherché. Après avoir fermé l'école, la poste, c'est le tour de la pharmacie. S'ils veulent tuer le village, ils n'ont qu'à continuer comme ça. La prochaine sur la liste, c'est moi. Alors….

–Ah ! C'est bien triste ! Je suis désolé ! Je n'aime pas non plus que les campagnes se vident. Si tout le monde se retrouve en ville, on perdra tous quelque chose.

–Oui. Surtout moi, fit la dame avec un air dépité.

–Mais dites-moi. Il y a peut-être un médecin encore dans votre village ?

–Oui ! Et heureusement qu'il reste lui, notre Docteur, fit-elle les yeux au ciel.

–Tant mieux ! Et où puis-je le trouver ? J'ai un pied dans un sale état.
J'ai besoin de ses soins.

Le voyageur acheta quelques provisions dans la boutique de la
commerçante qui l'avait renseignée. Il la paya, la salua et sortit sous le
soleil cuisant.
Il suivit les indications de la dame et trouva facilement le cabinet du
médecin. Une vieille maison, une porte en fer grinçante, un chien joyeux
qui vient vous accueillir, un chemin de graviers sur lesquels les pas laissent
une empreinte sonore incomparable à d'autres, une terrasse ombragée, une
table en métal blanc et des chaises de jardin, bref, rien à voir avec un
cabinet de médecin mais plutôt la demeure d'un ami, d'une connaissance.
Il était là, dans son bureau, plongé dans ses pensées, la radio
produisant un bruit de fond musical. Le voyageur le fit sursauter en entrant
dans la pénombre de son antre.
–Excusez-moi, je ne voulais pas vous faire peur….
–Je vous en prie. fit le docteur. Qu'est-ce qui vous amène ?
–Mes pieds… enfin, plus particulièrement, le pied droit.
–Alors, voyons ça ! Asseyez-vous là, montrant la table d'examen.
Enlevez vos chaussures.
Le voyageur s'exécuta. Une fois l'objet de souffrance découvert, le
médecin ne mit pas longtemps à faire son diagnostic.
–Ampoule infectée, fit-il tranquillement.
–Et ? … fit le voyageur dans l'expectative d'un complément utile
d'explications.
–C'est simple. Antibiotiques, anti-inflammatoires et repos. Il n'y a que
ça à faire.
–Repos… c'est-à-dire… ? le voyageur craignait le pire.
–Oh eh bien, je dirais, à vue d'œil, au minimum trois jours sans marcher,
lui indiqua le médecin.
Trois jours sans marcher … La guigne… Il n'avait pas de tente et devait se
trouver un gîte. Et puis, où trouver les médicaments ?
Le médecin, comme s'il lisait dans ses pensées, poursuivit.
–J'ai tout ce qu'il faut, ne vous inquiétez pas.
Le médecin alla farfouiller dans une armoire qui contenait une vraie
pharmacie à elle toute seule, en ressortit deux boites de médicaments. Il les
tendit au voyageur.

– Voilà. Pour l'antibiotique…Au fait ! Vous n'êtes pas allergique au moins ?

– Heu...non je ne crois pas.

– Bon, vous n'en avez jamais fait, sinon, vous vous en souviendriez… Alors pour l'antibiotique, c'est trois comprimés par jour pendant six jours et pour l'anti-inflammatoire, pareil. Vous les prenez avec vos repas surtout.

– Très bien. Et savez-vous où je pourrais me loger ? Je n'ai vu ni hôtel, ni gîte dans le village.

– J'ai une chambre que je peux vous prêter si vous voulez, répondit le médecin joyeux.

Quel aubaine ce médecin ! La commerçante avait raison !

– J'accepte avec joie. Merci… merci beaucoup. Vraiment. Je suis touché par votre hospitalité.

– Je vous en prie. C'est bien normal, fit le médecin. Vous avez un duvet ?

– Oui, bien sûr.

– Si je peux éviter de faire de la lessive, ça m'arrange. Je vais vous montrer votre chambre pour vous reposer un peu avant le dîner.

Le voyageur rassembla ses affaires et suivit le médecin qui filait devant lui, vraisemblablement très heureux d'avoir un invité-surprise. Arrivés dans la chambre, le médecin lui montra la salle de bains, les toilettes, le fonctionnement des volets, un peu capricieux, afin qu'il puisse s'étendre au calme et à la pénombre pour se reposer. Le médecin lui donna rendez-vous dans le jardin pour le dîner à vingt heures.

Le voyageur, une fois soigné, lavé, rafraichi, s'endormit sans difficulté pour une sieste qu'il qualifiera de spéciale. Il fit, en effet, des rêves tumultueux.

Réalisateur d'un film bizarre, les images se bousculaient devant son objectif. Toutes les rencontres qu'il avait faites composaient un quintet de jazz et se produisaient devant une foule immense : l'araignée, au piano, la jument, à la batterie, la cigogne, à la clarinette, le héron, à la contrebasse, le moustique, à la trompette. Il filmait la scène et dans le public, toute sortes de personnages venaient l'implorer de les filmer aussi. Il les délogeait gentiment « La priorité au direct, vous comprenez… Laissez-moi votre carte. Je vous recontacterai ». Il sentait bien, faisant cela, qu'il ratait quelque chose mais, en même temps, la formation jouait, là, maintenant, et il devait la filmer, il devait capter l'instant. Il était partagé entre présent et avenir, il devait faire des choix, et le présent prenait le pas sur le futur. Agacé, il décida de lâcher son orchestre de jazz pour suivre la troupe qui lui demandait de venir voir ce qu'ils avaient à lui montrer. Il se retrouva dans un univers improbable, comme une fête foraine. Les barbes-à-papas, les guimauves, les pommes d'amour fleurissaient à chaque carrefour. Les néons, les projecteurs, les lampadaires même, tout était aux couleurs de la fête. Les odeurs de sucre, de frites, de caramel emplissaient l'espace. Une ambiance qu'il connaissait mais amplifiée encore. La troupe l'emmenait vers un chapiteau de cirque, rouge et jaune, flamboyant. Il se sentait emporté avec gentillesse mais détermination. Une fois passé l'entrée du cirque, il se retrouva …chez lui. Un peu étonné, il se retourna et derrière lui, il vit sa porte de palier.

Au réveil, le voyageur se souvenait de tout. La signification de ce rêve lui échappait un peu mais il se dit que cela le renvoyait à la gestion des priorités ; les rencontres qu'il avait faites le fascinaient et elles ne devaient pas lui faire oublier que l'important c'était ce qu'il allait en faire lorsqu'il rentrerait chez lui. Que son « chez lui » ressemble à un cirque joyeux et bigarré lui plaisait bien !

Encore un peu groggy, le voyageur descendit l'escalier doucement : son pied le faisait souffrir et il prenait garde à ne pas trop le solliciter à l'endroit où l'ampoule s'était formée. Heureusement, le bandage que lui avait fait le médecin le protégeait très efficacement. Il trouva son hôte dans le jardin. Assis confortablement sur un fauteuil en rotin, il était plongé dans un livre, un verre de vin posé sur l'accoudoir.

– Alors, comment allez-vous ? lui lança joyeusement le médecin. Vous vous êtes bien reposé ?

– Oh oui ! Merci. La maison est si fraîche et si silencieuse. J'ai vraiment bien dormi.

– Tant mieux. Rien de tel pour reprendre des forces. Vous deviez être fatigué. Vous savez ? Quand on marche avec une ampoule au pied, on compense forcément. Alors, on fatigue plus vite.

– Oui, probablement, dit le voyageur qui n'avait pas pensé à ça.

– Je vous offre un verre ? C'est un vin du coin. Sans prétention, il se laisse boire volontiers.

– Avec plaisir

Pendant que le médecin allait lui chercher un verre, le voyageur pensa à la générosité du médecin. Il en était ému. Cette qualité d'accueil n'était plus une des premières caractéristiques de la vie moderne. Il s'en ouvrit à son hôte lorsque celui-ci revint de la cuisine avec dans les mains un petit plateau où trônaient deux verres remplis de vin rouge.

– Merci encore pour votre accueil. Le partage semble être un réflexe pour vous ?

– Ça me semble normal. Et puis, vous savez la solidarité et le partage font partie des valeurs auxquelles tous les médecins adhèrent en signant le serment d'Hippocrate. Tenez, venez !

Le voyageur suivit le médecin en claudiquant. Le serment d'Hippocrate était en effet affiché en bonne place derrière le modeste bureau du praticien. Le médecin lut :

Je donnerai mes soins à l'indigent et à quiconque me les demandera. J'apporterai mon aide à mes confrères ainsi qu'à leurs familles dans l'adversité.

Que les hommes et mes confrères m'accordent leur estime si je suis fidèle à mes promesses ; que je sois déshonoré(e) et méprisé(e) si j'y manque.

– Quel beau texte ! Je n'avais jamais lu le serment d'Hippocrate en fait. Quelles belles valeurs ! Quel engagement !

– Oui ! Le soin gratuit fait partie de nos engagements : nous partageons ainsi nos compétences au service de ceux qui en ont besoin. Bien ! Allons manger maintenant ! proposa le médecin

La conversation pendant le repas s'était portée sur les spécialités culinaires locales : le médecin se délectait de parler des curiosités gastronomiques de son pays, des histoires de plats élaborés comme la tarte Tatin, ces plats succulents et fruits du hasard. La sérendipité, ou comment découvrir quelque chose par un concours de circonstances, avait bien sûr, fait partie de la discussion. Leur rencontre en était une illustration évidente.

Après le café, le voyageur prit congé en le remerciant chaleureusement de son accueil, de la qualité de sa conversation et du festin qu'il lui avait préparé. Un peu sonné par le bon vin qu'il avait bu, le voyageur monta dans sa chambre. Une fois arrivé dans sa chambre le voyageur se déshabilla et s'allongea sur le lit pour se reposer. Une petite voix se fit tout à coup entendre.

– Eh ! Oh ! Monsieur ! Vous pourriez vous enlever s'il vous plait ? J'étais là avant vous !

Le voyageur, un peu surpris, mais un peu habitué maintenant, se releva, ôta le duvet du lit sur lequel il était allongé et découvrit une petite fourmi.

– Je suis désolé. Je ne vous avais pas vu. Vous êtes petite, remarquez.

– Je comprends mais, vous savez, ce n'est pas très correct de vous étendre là où je me trouvais déjà : si tout le monde faisait comme vous, on aurait pas fini de changer de place.

– Ne le prenez pas mal surtout, mais j'ai juste une remarque : ceci, sauf si je me trompe, n'est pas une fourmilière, fit-il en montrant le lit

– Oui, je sais mais notre fourmilière a été détruite probablement par un de vos congénères et maintenant on est obligé de trouver de la place là où il y en a, et là, c'est tombé sur votre lit.

– Bon ! Je suis sûr qu'il y a de la place pour un homme et une fourmi dans ce lit, vous ne pensez pas ? Si je fais attention à ne pas vous écraser et si vous avez la gentillesse de ne pas me mordre, je pense qu'on peut passer une bonne nuit.

– D'accord. Je vais plutôt me placer en bordure du lit pour ne pas vous gêner et ne pas risquer d'être écrasée. Au fait, que faites-vous ici ?

– Je voyage et j'ai une blessure au pied. Le médecin chez qui nous sommes me soigne et m'héberge gentiment le temps que ça aille mieux.

– C'est très hospitalier, dit la fourmi.

– C'est vrai qu'ici je bénéficie à la fois des soins et de l'hospitalité du médecin. Vous avez des endroits dans vos fourmilières pour les fourmis malades ?

– Non. En fait, quand l'une d'entre nous est malade, elle est d'abord soignée par les autres qui répandent sur elle de notre acide qui désinfecte très bien, puis elle sort de la colonie pour se soigner et éviter d'infecter les autres.

– Ah oui ? Je ne savais pas que votre acide était aussi un bon désinfectant.

– Il nous sert à nous défendre et à nous soigner aussi. C'est un produit très utile. Car pour ce qui concerne la maladie, nous partageons tout mais pas les bactéries qui pourraient décimer l'ensemble de notre communauté. Alors, nous prenons soin de nos fourmis qui semblent infectées avant de les isoler.

– Nous avons aussi des endroits spéciaux où soigner nos malades lorsque c'est trop grave. Mais heureusement vous semblez en bonne santé et de mon côté, cela va beaucoup mieux grâce aux soins de mon hôte. Maintenant, si cela ne vous dérange pas, je vais dormir ; je dois encore me reposer afin d'être en forme demain matin pour mon départ. Merci pour notre discussion. C'était très intéressant. Je suis ravi de partager mon lit avec vous. J'espère que vous pourrez vous reposer tranquillement et en toute sécurité.

– J'en suis sûre. Je partirai probablement au jour levant pour tenter de retrouver ma communauté. Bonne nuit cher voyageur.

Le voyageur en se retournant dans son lit, poursuivit ses pensées.

Comme l'espace ne peut lui appartenir et surtout parce qu'il ne s'y intéresse pas, le nomade partage son espace sans volonté d'appropriation. Le nomade lorsqu'il plante sa tente, ne considère pas que cet espace lui appartient : cet espace devient un lieu d'accueil.

Cela lui rappelait un voyage qu'il avait fait en Inde du Nord, au Ladakh. Un jour, en fin d'après-midi, après avoir installé le campement, il s'en alla se promener avec deux autres compagnons de trek dans le village où ils avaient fait escale. Leurs pas les emmenèrent vers un jardin où une femme était en train de travailler : elle nettoyait les canaux d'irrigation de son champ à l'aide d'une bêche les herbes folles et les mottes de terre afin de restaurer les canaux d'irrigation. Sa fille était assise sur un muret et l'attendait patiemment. Ils restèrent quelques minutes avec la petite fille et sa mère essayant d'échanger quelques mots d'anglais. Après avoir visité le village, ils rebroussèrent chemin. Quelques maisons plus loin, ils virent en contrebas de la route deux femmes sur une terrasse qui leur faisaient de grands gestes. En s'approchant, ils reconnurent la femme avec qui ils avaient échangé peu de temps avant. La petite fille sortit d'ailleurs de la maison à ce moment-là pour leur confirmer qu'ils ne se trompaient pas. La mère leur fit signe de venir. Ils s'avancèrent timidement pour entrer dans la maison, précédés de leur hôtesse. A l'intérieur, la deuxième femme, plus âgée, qui s'avéra être la grand-mère, les accueillit avec un grand sourire et leur fit signe de s'installer sur un petit banc recouvert d'un tapis. Sur une petite table, elle installa quelques biscuits pendant que sa fille leur préparait du thé. La petite fille timide se cachait dans les jupes de sa mère. La grand-mère ne parlait pas l'anglais mais sa fille se débrouillait assez pour pouvoir échanger. Les compagnons de trek apprirent que le mari était loin d'ici et que la femme avait un fils qui allait à l'école dans une ville lointaine. Ils entendirent alors la femme leur dire qu'ils étaient pauvres et que l'école coutait cher, en tous cas, c'est ce qu'ils crurent avoir compris. Avant de prendre congés, le voyageur, prit quelques billets de son portefeuille pour les offrir à la dame. Un peu surprise, peut-être un peu offusquée, la femme refusa, expliquant qu'elle ne voulait pas d'argent, qu'ils avaient bien assez d'argent pour vivre. Un peu honteux, il balbutia des excuses et remit les billets dans son portefeuille. Les adieux furent emplis d'émotion et c'est les larmes aux yeux que les voyageurs quittèrent la maison. Ils se promirent de les remercier un jour de ce moment magique.

Cette famille à l'esprit nomade les avait reçus chez elle, avait partagé leurs biens, leur intimité, leur nourriture, leur sourire. Dans ses recherches, le voyageur avait découvert que la racine étymologique du mot nomade, qui a donné aussi le mot « autonomie » - *nomos*- comprenait à l'origine une loi de répartition des terres. Le nomade partage l'espace avec ses congénères ; il ne partage pas « son » espace, il partage l'espace disponible. Ce qui avait comme conséquence de diminuer naturellement le sentiment de ce pouvoir souvent imbécile lié à la propriété du lieu. Le nomade a un réflexe naturel de partage : partage de l'espace mais aussi partage des ressources, partage des émotions et partage des connaissances. Le voyageur avait toujours vérifié cela : les nomades ou tout du moins, les personnes à l'esprit nomade, partageaient d'abord leur espace - aucune difficulté pour offrir une place pour la nuit - partageaient leur repas avec plaisir, et partageaient ce qu'ils savaient de ce qui les entouraient, de leur culture, de leur histoire. A contrario, le voyageur avait été confronté à des « sédentaires » qui lui avaient refusé de l'eau par un après-midi de canicule et alors qu'il se trouvait à plus de trois heures de marche du village le plus proche… « Puissions-nous retrouver cet esprit de partage et de liberté dans nos civilisations si marquées par la propriété et l'asservissement » pensa le voyageur.

Le voyageur sortit son petit carnet et inscrivit pensif « Partager » et les conseils qu'il en tirait.

Il éteignit la lumière, se retourna et plongea dans un sommeil profond et réparateur.

Partager ; comment faire ?

- Accepte que l'espace que tu occupes ne soit le tien que provisoirement.
- Donne sans attendre ni merci, ni cadeau en retour.
- Transmets ce que tu sais.

L'escargot

Ralentir

Le voyageur se réveilla aux aurores. Il s'était habitué ces derniers matins à se réveiller avec le soleil : marcher aux heures les plus fraîches était préférable. Il se souleva, mit les pieds à terre, se leva d'un coup et se souvint alors de sa blessure. La mémoire pour une fois passa par ses pieds. La nuit lui avait ôté le souvenir de son ampoule. Il réprima sa douleur et sa déception. Qu'allait-il pouvoir faire de ces trois jours d'immobilité ? Il n'était plus habitué à cela. Comment ensuite allait-il s'organiser pour récupérer son retard ? Ce contretemps remettait en question son itinéraire. Il allait devoir reconsidérer les étapes et les lieux qu'il voulait à tout prix visiter. Bon ! Prendre les choses dans l'ordre ! D'abord, déjeuner ! Il était cinq heures du matin et la maison était encore silencieuse. Il se risqua à se lever, avec beaucoup de précautions. Il ne voulait ni réveiller son hôte, ni se faire mal. Il ne put toutefois éviter quelques craquements ni quelques grincements. Il ralentit pour éviter de faire trop de bruit. Arrivé dans la cuisine, il se mit à la recherche de quoi faire du café. Il trouva assez vite une cafetière italienne, puis du café moulu. La cuisinière au gaz et un peu d'eau feraient le reste. Une fois le café passé, il s'en servit un grand bol. Il sortit en boitant sur la petite terrasse en pierre qui s'étendait devant la maison du médecin. Il s'assit sur la chaise de bois qui lui semblait plus accueillante et plus sure que les chaises en plastique blanc un peu bancales qui étaient devant lui. Le jardin était calme, doux, vert. L'atmosphère humide du petit matin amplifiait encore cette impression d'exquise immobilité. La lumière rasante du soleil levant lui offrait une vue apaisante. Les poussières et les insectes volaient dans les cônes de lumière que laissaient filtrer les arbustes. Il régnait là comme un instant d'éternité, suspendu, concentré. Le voyageur prit une grande inspiration. Il ferma les yeux pour mieux profiter encore de l'instant magique qui lui était offert. Soudain, un doux bruissement de feuilles mortes le fit sortir de sa méditation. Le voyageur chercha des yeux d'où pouvait venir ce petit bruit. En fait, à quelques pas de lui, le bruissement provenait d'un escargot, les antennes fièrement pointées. Il glissait lentement vers lui, semblant vouloir attirer son attention.

– Ah ! Enfin un humain à peu près immobile.

Il baissa les yeux sur l'escargot qui, à un mètre de lui, continuait à avancer lentement, laissant sa trace de bave dans son sillage.

– Pourquoi dites-vous ça ? Bonjour, cher gastéropode !

– Oh, je vous en prie hein ? Pas de ronds de jambe avec moi.

L'expression « ronds de jambe » pour un escargot était un peu bizarre. Le voyageur se demanda où l'escargot avait pu entendre cette expression…

– Je dis ça parce que vous êtes d'une espèce très bizarre, continua l'escargot, un peu crispé.

– Ah ! Dites-moi pourquoi ? interrogea le voyageur un peu agacé de ces animaux qui avaient des griefs contre les hommes, comme si, lui, le voyageur, pouvait être le seul à recevoir toutes les critiques du monde animal vis-à-vis de l'espèce humaine.

– Eh bien, vous allez toujours trop vite ! trancha l'escargot avec une émouvante assurance.

– La vitesse est relative vous savez, fit le voyageur un peu étonné de ce reproche.

– Relative, relative. Evidemment ! Mais quand même ! Vous ne vous rendez plus compte de ce que vous faites. Moi, je passe mes journées ici, dans ce beau jardin et je peux vous assurer que j'en vois des vertes et des pas mures.

– Où êtes-vous allé pêcher cette expression ? sourit le voyageur

L'escargot, vexé, rentra ses antennes.

– Je ne voulais pas vous fâcher. J'étais juste étonné de vous entendre utiliser une expression très humaine, et ça pour la deuxième fois. Tout à l'heure déjà, « Ronds de jambe » dans votre bouche… essaya de se rattraper le voyageur.

Les antennes ressortirent, signe que l'escargot était à nouveau attentif.

– Figurez-vous que j'écoute beaucoup les discussions du jardin, se radoucit l'animal.

– Je suis épaté, vraiment. Alors dites-moi ! Qu'est-ce qui vous agace autant chez nous ? questionna le voyageur, souriant.

– Vous ne savez plus prendre le temps, fit l'escargot, affirmatif.

– Pourquoi dites-vous ça ?

– Parce qu'avant, vous étiez plus lents qu'aujourd'hui. Je parle même du docteur que je vois souvent et que je connais bien. Eh bien, lui aussi, même s'il est très éloigné de ce que je peux entendre sur ce qui se passe dans vos villes, il va plus vite qu'avant.

– Alors cela veut dire que nous avons évolué, changé, pour devenir plus rapides, sans vraiment nous en rendre compte ?

– Surement une affaire de perception, reconnut l'escargot. Mais c'est plus une question de rapport au temps que vous avez peu à peu développé, je crois. Vous confondez action et agitation, rapidité et précipitation, mouvement et frénésie. Je sais bien que lenteur est pour les humains ressenti comme négatif. Vous parlez de lenteur d'esprit, de lenteur de la Justice, de la lenteur de l'escargot... comme si c'était une infirmité que d'être un escargot. Je vous assure que je me sens très bien dans ma peau d'escargot.

– Je vous crois, fit le voyageur, pas trop convaincu.

– Savez-vous d'où vient le mot « lenteur » d'abord ? lança l'escargot en redressant sa tête, les antennes interrogatives.

– Heu, non, avoua le voyageur. Pourquoi ? Vous le savez, vous ?

– Eh bien, le mot « lenteur » vient du latin « *lentor* » qui veut dire « humeur gluante et visqueuse ».

– Je comprends mieux pourquoi vous connaissez l'étymologie de ce mot. Il vous concerne à deux titres, plaisanta le voyageur.

Il crut reconnaitre dans la physionomie du gastéropode quelque chose qui ressemblait à un sourire.

– Très drôle, fit l'escargot, narquois. Par extension, « *lentor* » a voulu désigner aussi tout ce qui est flexible et souple. Eh bien, je milite pour remettre le sens de ce terme au palmarès des mots positifs.

– Etonnant, reconnut le voyageur, encore estomaqué de la science dont faisait preuve cet animal. Nous avons, semble-t-il, perdu la signification de ce mot. Je sais pour ma part que dès que je me mets en marche, j'adopte un autre rythme, une autre attention, une autre prise avec ce qui m'entoure, c'est vrai. C'est à la fois très agréable et en même temps très désagréable quand vous avez programmé quelque chose. Regardez-moi, là. Je suis immobilisé pour au moins trois jours et je suis contraint de faire tout lentement à cause d'une blessure. Pas très agréable, en fait.

– Bien sûr, je comprends. C'est comme si je ne pouvais plus du tout avancer à cause d'une blessure à mon pied. En même temps cela vous oblige à ralentir encore par-rapport à votre rythme déjà ralenti. C'est une expérience intéressante. Ne rien faire, ne pas s'obliger à agir, c'est aussi intéressant vous savez.

Amusé que l'escargot parlât aussi de son pied, ce qu'il venait de dire le poussa à lui poser une question.

– Mais si on ne fait rien, on n'avance pas ?

– Je n'ai pas dit qu'il ne fallait rien faire. J'ai dit que parfois se retrouver dans des situations où on ne pouvait rien faire pouvait être mis à profit pour mieux agir ensuite. Mais vous le savez aussi puisque vous l'avez expérimenté ; réduire sa vitesse fait voir les choses autrement.

– Oui, c'est vrai. Un jour, je marchais et j'ai vu au-dessus de moi passer un avion militaire. Il devait voler à deux mille kilomètres à l'heure alors que moi je marchais à quatre kilomètres à l'heure... Le décalage était impressionnant. Je savais que le pilote ne voyait rien de ce que je voyais.

– Et avez-vous conscience du décalage de vitesse de marche qu'il y a entre nous deux ? J'avance à peu près à quatre mètres par heure quand je suis en forme. Et oui ! Vous allez mille fois plus vite que moi... Comme le pilote de l'avion de chasse, vous ne soupçonnez pas ce que je vois, moi.

Cette remarque laissa le voyageur songeur. L'escargot continua sur sa lente mais inspirante lancée.

– La lenteur permet de se mettre naturellement dans une attitude de perception, d'attention plus forte, elle permet d'accéder à des détails de ce qui nous entoure que nous n'aurions pas soupçonnés. Elle permet d'être plus disponible et du coup de prendre mieux en compte ce qui nous environne pour prendre de meilleures décisions. Tout le monde sait que quand on veut changer de direction, il faut commencer par ralentir, non ?

Sans laisser le voyageur reprendre la parole, l'escargot vraisemblablement intarissable sur le sujet, poursuivit.

– Quand les choses se passent trop vite, personne ne peut être sûr de rien, de rien du tout, même pas de soi. Ralentir, c'est commencer par se donner plus de temps pour analyser, plus de temps pour voir, se souvenir, sentir les choses. Vous savez ? Moi je me retrouve souvent dans des labyrinthes végétaux inextricables. Si je ne prenais pas le temps de me souvenir des endroits par lesquels je suis déjà passé, de regarder attentivement les espèces végétales, les pentes, les trous, les couleurs, je ne pourrais jamais trouver la sortie. Regardez ce massif de buis : je m'y suis souvent perdu. Si vous vous y égarez et que vous foncez droit devant vous, vous y passez le reste de votre vie... en tant qu'escargot, je veux dire.

Le voyageur sentait possible d'intervenir à ce moment-là. Il saisit l'occasion.

– Je peux vous faire partager une confidence ?

71

–Avec grand plaisir, fit l'escargot frétillant lentement.

–Un de mes enfants dans ses premières années avait une caractéristique, comment dire, un peu gênante et, notamment, le matin, un peu stressante… Il était d'une lenteur affligeante. D'ailleurs, il adorait les tortues. Il en faisait collection. C'était son animal préféré. Les réveils étaient pour le moins laborieux, les petits déjeuners prenaient des heures, et je ne vous parle pas des séances d'habillage… Vous savez ? quand vous devez partir cinq minutes plus tard et qu'il en est encore au choix de ses chaussettes et que ses affaires ne sont pas encore prêtes ?

–Je crois comprendre, oui.

–Eh bien, un jour, à table – il devait avoir six ou sept ans- nous discutions des qualités humaines. Il souhaitait savoir ce qu'on entendait par ce mot. Je lui expliquai alors en lui donnant quelques exemples. Alors, une fois qu'il eut compris ce que ça voulait dire, il me dit « Alors, moi, j'ai une qualité ». « Ah oui ? Laquelle ? » « La tortuance ! » fit-il la mine réjouie, ravi à la fois d'avoir compris ce qu'était une qualité et de m'envoyer un message sur les nombreux avantages que pouvait présenter la lenteur.

–Votre enfant est un sage, assurément ! fit l'escargot ravi de voir qu'il existait dans l'espèce humaine des sujets sensibles à sa propre philosophie. On pourrait parler aussi de lentitude ou d'escargotance. Mais je vous accorde que tortuance est fort bien trouvé.

–N'est-ce pas ? fit le voyageur très fier de la trouvaille de son fils.

–Bon. Je ne vais pas vous retenir plus longtemps. J'ai des choses à faire, fit l'escargot en entamant un demi-tour acrobatique sur le bord de la terrasse.

–Attendez ! l'interrompit le voyageur.

–Quoi donc ?

–Dites-moi. Je peux vous demander si vous vous considérez plutôt comme un sédentaire ou comme un nomade ?

–Je ne me suis jamais posé cette question. A votre échelle, vous vous dites surement que je ne quitte jamais ce jardin. A mon échelle, je ne crois pas connaitre tous les recoins de cet endroit. Son exploration complète, c'est une vie pour moi. Ce que je peux vous dire c'est que je ne suis que rarement immobile et que ce qui m'anime, c'est le mouvement, même s'il est lent. Mais, ça, c'est une question de perception et de point de vue, n'est-ce-pas ?

L'escargot, après avoir souri – enfin, c'est ce qu'il semblait au voyageur-se retourna et entreprit de descendre la première marche de l'escalier qui le ramènerait dans son jardin. Pendant qu'il regardait le gastéropode glisser sur le sol en laissant ses pointillés de bave, *humeur gluante et visqueuse,* il continua à réfléchir à leur discussion. Cela lui rappelait bien sûr son échange avec l'araignée qui pensait espace avant de penser temps alors que les nomades faisaient l'inverse. Mais il avait peut-être trouvé là, dans sa discussion avec son ami gastéropode, nomade dans son univers de lenteur, une partie des réponses aux questions qu'il s'était alors posées. Il avait lu, voilà quelques temps, un livre de Milan Kundera « La Lenteur », où un dialogue s'instaure entre deux personnages, un du XXème siècle et un du XVIIIème siècle. Ce dialogue est pour Kundera l'occasion de développer la thèse que l'homme moderne a perdu l'attrait pour la lenteur, éprouvant une étrange fascination pour la vitesse. Il y dit notamment : *« La vitesse est la forme d'extase dont la révolution technique a fait cadeau à l'homme ».*

« Les effets grisants de la vitesse entrainent parfois des addictions graves » pensa le voyageur. Les pratiques des sports extrêmes, la recherche de records techniques ou sportifs en sont des exemples courants. Plus simplement, notre manière de nous nourrir est une illustration frappante de notre addiction à la vitesse. La restauration rapide envahit la planète au point qu'un mouvement d'origine italienne a développé un concept de Slow Food pour promouvoir une philosophie du plaisir, la défense du patrimoine gastronomique local et des produits de qualité. Le riz qui cuit en cinq minutes au lieu de dix, les pâtes toutes prêtes à faire cuire en deux minutes au four à micro-onde, les tubes d'omelette déjà battue et précuite avaient des airs de modernisme qui faisaient peur au voyageur. « A quand les patches de pot-au-feu qu'on se collerait sur la poitrine, qui nous nourriraient en diffusant vers nos papilles, les arômes du vrai pot-au-feu de nos grands-mères ? » pensa-t-il.

Ce qui est vrai pour la nourriture l'est aussi pour l'information. Nous sommes devenus des dévoreurs d'informations dans nos modes de consommation de la connaissance. C'était le cas de beaucoup de ses congénères en tous les cas. Les trois quarts de la population mondiale possèdent aujourd'hui un accès à un téléphone portable. Nous avons tout à notre disposition en quelques clics. Alors, nous ne voulons rien rater et nous essayons de tout savoir, même si notre connaissance en est superficielle. L'important, c'est d'être au courant.

Or, nous avons besoin de temps pour digérer l'information qui est mise à notre disposition. La lenteur est pour Kundera un moyen de sauvegarder la mémoire. Il écrit ainsi : « *Le degré de la vitesse est directement proportionnel à l'intensité de l'oubli* ». Le voyageur aimait particulièrement la métaphore que l'auteur utilisait entre l'Histoire de notre civilisation et l'œuvre de Beethoven. « *La façon dont on raconte l'Histoire contemporaine ressemble à un grand concert où l'on présenterait d'affilée les cent trente-huit opus de Beethoven mais en jouant seulement les huit premières mesures de chacun d'eux* ».

Redonner de la valeur à la lenteur était pour le voyageur une manière de redonner de l'équilibre à sa vie. Ressentir dans son corps les effets bénéfiques de la lenteur, retrouver un rythme grâce auquel il était possible de profiter des changements de lumière du jour, admirer les couleurs de la végétation, découvrir une faune inconnue, sentir concrètement, dans son corps, dans ses jambes, les changements de pente du chemin que l'on parcourt ; tout cela permettait au voyageur de retrouver une sérénité oubliée dans le rythme effréné de son quotidien. Remettre en lien le corps et le mental, il en était persuadé, permettait d'assimiler, d'intégrer, de mieux comprendre les événements de la vie, les apprentissages, les émotions aussi. Parce que la mémoire a besoin de temps pour intégrer les informations mais aussi d'émotion. On dit qu'on n'apprend bien qu'avec l'émotion. La mémoire pour être efficace se charge d'affects et oublier les émotions ou ne pas les intégrer, c'est à coup sûr, oublier les faits. Ralentir c'est aussi se souvenir.

Et puis, marcher n'était-il pas une sorte de philosophie ? Les plus grands philosophes et les plus grands écrivains sont des défenseurs actifs de cet exercice. Kant avait intégré dans son programme quotidien un rituel de marche qui lui était indispensable. Rousseau et ses promenades solitaires, Nietzche ou encore Thoreau sont des exemples connus d'utilisation de la marche comme un moyen de libérer leurs esprits, les rendre plus créatifs. C'est en marchant qu'ils ont composé leurs plus belles œuvres, qu'ils ont recombiné ce qu'ils avaient conçu, qu'ils ont vu les choses sous de nouveaux angles. Oui, abaisser le rythme, mettre un pied devant l'autre, simplement, regarder ce qui nous entoure, permettait au mental de se poser, pour fonctionner plus efficacement ; ça, le voyageur l'expérimentait tous les jours. Ça le rendait plus disponible, plus ouvert, et donc plus fécond. La lenteur modifiait le lien entre espace et temps : le temps s'élargissait, s'étirait, les heures étaient plus longues et du même coup, l'espace s'amplifiait aussi, prenait une dimension à la fois plus large et plus accessible. Lorsqu'au passage d'un col, le voyageur embrassait du regard tout l'espace qui l'entourait, il avait le sentiment qu'il pouvait toucher les vallées et les montagnes, que tout cela était à sa portée. Lorsqu'il jetait un œil en arrière pour voir le chemin parcouru, il avait l'impression de reconnaitre chaque courbe, chaque rocher, chaque dénivelé. Les avoir pratiqués lentement lui permettait de s'en souvenir très précisément. Mais après tout, c'était peut-être une question d'habitude et de cadre de références : les pilotes d'avion pour reconnaitre leur route complètent bien les informations qu'ils reçoivent de leurs appareils par leur connaissance des côtes, des montagnes, des lacs. Là encore question de point de vue ! L'escargot devait imaginer la même chose de lui ! sourit le voyageur

Un joyeux « Bonjour ! » le fit sortir de ses pensées. Il se retourna et vit le médecin sur le pas de la porte de la cuisine qui donnait sur la terrasse. Une tasse de café à la main, il souriait, radieux.
– Vous avez trouvé de quoi vous faire du café, je vois. Vous avez bien fait.
– Bonjour, répondit le voyageur. Oui, je me suis permis. Je me suis réveillé tôt...l'habitude. Comment allez-vous ce matin ?
– C'est plutôt à moi de vous le demander.
– Eh bien, écoutez, la descente fut un peu douloureuse, mais en y allant doucement, j'y suis parvenu sans trop d'encombres. Mais là, j'ai l'impression que ça va mieux, fit-il en faisant des petits ronds avec son pied. Si ça se trouve, je pourrai repartir aujourd'hui.
– On va regarder ça, mais ne vous emballez pas trop. Même si j'ai fait dans ma vie quelques miracles non reconnus par le clergé, mes remèdes ne peuvent pas remplacer le repos.
– Oui, mais enfin, je ne vais pas vous déranger encore une journée de plus. Je dois me mettre à la recherche d'un gîte.
– Vous êtes mon invité. Je vous assure. Non seulement, vous ne me dérangez nullement, mais votre compagnie me fait du bien. Je n'ai que quelques visites de contrôle ce matin. Cet après-midi, mon cabinet est ouvert bien sûr. Alors si vous acceptez de souffrir quelques absences de ma part, je serais ravi de vous garder ici. Et puis, vous savez, en tant que médecin, j'ai aussi un devoir de suivi, quand c'est possible, bien

sûr. Faites-moi voir ce pied, plutôt, engagea-t-il le voyageur en venant poser sa tasse de café sur la table.

Le voyageur étendit sa jambe et posa son pied sur une des chaises de jardin qui étaient devant lui. Le médecin s'accroupit, défit le pansement avec douceur et précaution.

– C'est mieux qu'hier, en effet. L'inflammation est moins forte, fit-il en palpant le tour de l'ampoule avec son pouce. Mais, ça demande encore du repos. On regardera à nouveau ce soir. Je vais vous appliquer de la pommade antiseptique et vous refaire le pansement.

Le médecin alla chercher sa trousse, revint vers le voyageur et prit soin de sa blessure avec des gestes professionnels.

– Continuez à bien prendre vos antibiotiques au moment des repas.

– Comptez sur moi. Je ne veux pas vous déranger plus longtemps. Je veux essayer de partir demain. Comprenez-moi bien : ce n'est pas que votre compagnie m'est désagréable, bien au contraire. Je dois continuer mon périple si je veux arriver à rentrer chez moi à temps.

– Ne vous en faites pas ! J'ai bien compris, lui répondit le médecin en souriant. Bien. Je file me préparer pour faire ma tournée. Je vous laisse. Faites comme chez vous. Je rentre vers midi et demi. Je rapporterai de quoi manger. Reposez-vous bien !

Le médecin, après avoir débarrassé la tasse qu'avait utilisée le voyageur, disparut dans sa demeure, le laissant à ses pensées. Quel homme serviable ce médecin ! Le voyageur était touché de cette sollicitude et de cette gentillesse. Il pourrait rester longtemps ici : un havre de paix et de douceur. Il se remémorait ce qu'il avait dit tout à l'heure « *Je dois continuer mon périple si je veux arriver à rentrer chez moi à temps.* ». Encore ce temps, parfois despote, qui le poussait à prendre des décisions. En fait, il était partagé entre rester et continuer à se nourrir de cette rencontre fortuite et si riche, et poursuivre son périple pour découvrir d'autres surprises ; son souci principal restait « Aurai-je suffisamment de temps ? ». Le temps nous dicte ses préceptes, comme des remèdes poisons, des motivateurs bloquants, des repères déroutants. Le voyageur en était bien conscient mais ne pouvait s'en départir et ne savait quoi faire. Prendre son temps, c'est d'abord prendre son plaisir là où il se trouve, être dans l'instant, profiter du moment. Et il semblait au voyageur que la vie entrainait les humains plutôt vers plus de mémoire ou plus de prospectives, en oubliant l'instant présent. Il considérait que le temps, plus qu'une chronologie linéaire, était un vase dans lequel le passé, le présent et le futur pouvaient cohabiter et dans lequel nous pouvions choisir de piocher ; se rappeler, vivre le présent ou se projeter dans le futur.

Il prit son carnet et nota « Ralentir » et les conseils qu'il en tirait. Juste à côté, il dessina un escargot.

Ralentir : comment faire ?

- Prends ton temps.
- Fais souvent des pauses pour examiner d'où tu viens et où tu veux aller.
- Si tu veux changer, ralentis d'abord, comme pour prendre un virage.

Le lézard

Penser simple

La matinée était passée comme un éclair. Le voyageur, après sa longue conversation avec l'escargot, avait pris le temps de remonter à l'étage, pour passer un temps non négligeable dans la salle de bains afin de se laver. Il avait cherché le meilleur moyen pour prendre une douche sans mouiller le pansement. Au final, une solution assez simple s'était imposée à lui : il avait suffi d'un sac plastique et d'un élastique trouvés au fond de son sac à dos pour fabriquer une protection tout à fait efficace.

La contrainte génère la compétence, dit-on. C'est bien lorsque nous manquons de moyens que nous trouvons des solutions innovantes à nos problèmes. Et le voyageur se dit alors que la simplicité reste l'apanage des bonnes solutions à des problèmes qui peuvent paraitre insolubles. Dans le confort de la sédentarité, la contrainte génère plutôt de l'irritation. Dans l'incertitude du nomadisme, qu'il soit spatial, culturel ou intellectuel, la contrainte génère plutôt de la créativité et les solutions trouvées se révèlent simples. L'innovation Jugaad popularisée par Navi Radjou en montrent de nombreux exemples. La simplicité un peu obligatoire due à la rareté des ressources reste étonnante.

Au Japon, on retrouve cet art de la simplicité mais qui s'apparente plus à une volonté de créer à partir du vide. L'art et la culture japonaise ne sont faits que de réductions, de recherches de « vide » pour créer le « plein ». En cuisine, l'umami fait partie des cinq saveurs de base avec le sucré, l'acide, l'amer et le salé. Il permet de mettre en valeur l'essence même d'un aliment. Sans saveur particulière seul, l'umami provoque salivation et douceur et doit rester en faible concentration pour garder toutes ses fonctions. Un seul ingrédient peut alors faire exploser en bouche le cocktail alors produit. Le haïku, poème de trois vers de dix-sept « mores [*]» dans lequel doit être intégrée une notion de saison, est un art très réglementé qui permet de générer créativité et intensité. L'ikebana, « l'art de faire vivre les fleurs », cette manière si simple de créer des compositions florales magnifiques ou encore l'art de la calligraphie illustrent parfaitement cet art de la simplicité, cette recherche du « vide ».

Le compositeur d'une sonate nous permet d'entendre le silence par une simple note, le peintre nous permet de voir le vide derrière un trait de fusain, le poète, par un mot, nous transporte dans son univers.

[*] syllabes

Vouloir représenter le tout ou le rien est voué à l'échec ; c'est le seul soulignement qui va produire la sensation du tout. Et cette sensation n'en sera que plus entière. L'intuition du voyageur était que l'esprit nomade avait perpétué la simplicité comme art de vivre, de penser et d'agir. Les grands scientifiques qui ont marqué l'histoire par leurs découvertes, nomades de l'esprit par excellence, ont toujours recherché la simplicité ; Kékulé, qui trouva le symbole du cercle pour représenter le noyau du benzène, molécule jusqu'alors inexpliquée, Einstein, qui posa l'une des équations les plus simples du monde, $E = mC^2$, mais qui représente une complexité encore vertigineuse, ou bien, Stephen Hawking qui a été à la recherche de l'équation qui résumerait l'Univers dans son infiniment grand et son infiniment petit, jusqu'à sa mort. Hawking signifie colportage en anglais « On ne peut faire que le rapprochement entre colportage et nomadisme » pensa le voyageur en souriant.

Un lézard passa brusquement près du voyageur et le sortit de ses pensées. Il grimpa rapidement sur le mur de la maison, probablement pour s'y mettre au chaud. Il montait par à-coups avec une agilité déconcertante s'accrochant aux aspérités invisibles du mur. Parvenu à une hauteur acceptable, il s'arrêta, tourna la tête vers le voyageur et l'interpela ;
– Bonjour. Qui es-tu ?
Le voyageur ne sursauta même pas, tellement habitué maintenant à ce que les animaux lui parlent.
– Je suis un voyageur de passage ici. Et toi, tu es un lézard de passage ou tu résides régulièrement près de cette maison ?
– Comme tous mes congénères, je ne bouge pas beaucoup. S'il y a assez de proies, de soleil et d'eau, nous ne changeons pas beaucoup d'endroit. Et, toi, pourquoi tu n'as pas de territoire à toi? Tu dis que tu ne fais que passer.
Le voyageur s'aperçut que le lézard avait commencé par le tutoyer : un signe de proximité probablement.
– C'est temporaire ! Je suis de passage parce que je voyage. Sinon, j'ai aussi un chez moi où je vais bientôt retourner.
– Ah ! fit le lézard. Qu'est-ce que c'est un « chémoi » ?
– Une maison. On dit, chez moi, chez soi, chez lui …
– Ah ! Oui ! Pardon ! Comme je n'ai pas vraiment de maison, mon « chémoi » est un peu vaste

Le lézard ne manquait pas d'humour, lui non plus. Le voyageur se risqua à poursuivre la conversation sur le même mode.

– Sais-tu ce que veut dire « lézarder » pour nous ?

– Non, mais je sais ce que veut dire « humaniser » dans la nôtre

– Pardon ? fit le voyageur un peu interloqué.

– Oui, Monsieur. Et que croyiez-vous ? Que vous aviez l'unique privilège d'inventer des mots sur cette planète ? rétorqua le lézard, moqueur.

– Heu, non. Enfin, si ! Enfin, je ne sais pas ! balbutia le voyageur. Et quel est le sens du mot « humaniser » pour vous alors ?

– « Humaniser » pour nous veut dire « Rendre les choses compliquées »

– Ah bon ? Mais pourquoi ça ?

– Il n'y a qu'à vous observer pour constater que vous avez des vies compliquées. Déjà, tout seul, ça se voit. Vous n'arrêtez pas de faire des choses. Et puis, il suffit que vous soyez deux humains pour commencer à tout compliquer en parlant l'un avec l'autre ! De vraies pipelettes !

– Vous connaissez ce mot-là « pipelettes » ?

– Oui, fit le lézard en souriant. Il me rappelle les pies qui jacassent pas mal aussi.

Décidément, ce lézard était particulier.

– C'est drôle que vous ayez donné cette signification à notre espèce.

– Et que veut dire « lézarder » pour vous alors ? Je crois que je n'ai jamais entendu cette expression ici.

Le voyageur hésita à répondre au lézard, craignant d'être indélicat.

– Lézarder, comment dire, … lézarder, ça veut dire, .. enfin, ça signifie…

– Et bien, vas-y, dis-le ! C'est désagréable ? C'est ça ?

– Un peu, enfin, tu pourrais mal le prendre. … Lézarder, ça veut dire « Ne rien faire et si possible au soleil ».

– Ce n'est pas désagréable, c'est très vrai ! Contrairement à vous, à part manger, éviter de se faire manger et dormir au soleil, nous ne faisons pas grand-chose d'autre. Nous avons une vie simple. Nous profitons de l'instant, de la beauté qui nous entoure, et voilà tout.

– Oui. Je comprends mais c'est un peu limité non ?

– Limité ? C'est-à-dire ?

– Et bien, à force de lézarder, tu ne t'ennuies pas ?

– Non. Pourquoi ? Aujourd'hui est différent d'hier, les couleurs ne sont pas les mêmes, le vent et la lumière non plus, les mouches n'ont pas tout à fait le même goût. Et c'est un éternel émerveillement que de voir les œufs de ses bébés se briser et de les voir s'échiner à sortir de leur coquille.

– Je comprends, fit le voyageur rêveur. Enfanter c'est merveilleux ! Tu viens de me donner une belle leçon, lézard ! Je te remercie beaucoup. Je crois que la prochaine fois que je lézarderai au soleil, je le ferai avec moins de culpabilité qu'aujourd'hui.

– Et moi, j'aurai une idée moins tranchée sur les humains : tu sembles quelqu'un de simple. Je file. Le soleil tourne, je vais changer de côté de maison. A bientôt peut-être.

Et le lézard partit à l'horizontale, tourna l'angle de la maison et disparut.

C'est à ce moment que le voyageur entendit le médecin garer sa voiture, claquer sa portière et ouvrir le portail du jardin. Il n'avait pas vu le temps passer. Le voyageur se leva en grimaçant pour accueillir son hôte.

– Alors, comment va notre estropié ? fit joyeusement le médecin

– Et bien, je dis…

Le voyageur se mordit les lèvres. Il allait dire qu'il était en train de discuter avec un lézard de la simplicité de la vie… Il se reprit.

– Je me disais que vous habitiez vraiment un bel endroit. Je me sens très bien ici. Grand repos ce matin ! A part le fait d'avoir bataillé pour prendre une douche sans mouiller mon pansement, je n'ai fait que lézarder depuis ce matin. Ça fait un bien fou.

– Et comment avez-vous fait pour votre pansement ?

– J'ai trouvé un sac plastique que j'ai fixé autour de mon pied à l'aide d'un élastique. Et voilà ! Simple et efficace.

– Exact. C'est toujours mieux de commencer par les solutions les plus simples. Moi, je commence toujours par ce que me dicte mon bon sens. Pourquoi commencer par un traitement compliqué alors que du repos, de la glace et un petit pansement peuvent suffire. Et même quand les traitements deviennent complexes, la mise en œuvre doit être considérée comme la plus simple possible par le patient. Enfin, on essaie, modéra l'humble médecin.

– Connaissez-vous l'adage qui dit « Quand le sage montre la lune, le sot regarde son doigt » ?

–Oui, bien sûr. Il est de Lao Tseu, je crois. Enfin, à chaque fois qu'on ne sait pas de qui est une citation qui ressemble à une phrase asiatique, on dit que c'est Lao Tseu...

–Je crois aussi que c'est de lui. Mais à votre avis cela veut-il dire que faire simple c'est faire stupide ? lança le voyageur, un peu provocateur.

–Cela veut dire qu'on mélange simplicité et stupidité. Quand vous regardez une peinture rupestre, quand vous écoutez les premières mesures du premier prélude de Bach, quand vous lisez un poème de Prévert, est-ce que cela vous semble stupide ? La culture japonaise, par exemple, recherche en permanence, le vide, le nu, le rien, la vacuité. Que ce soit en cuisine, en peinture, en littérature ou en musique. Le simple n'est pas l'idiot.

Le voyageur sourit en constatant que le médecin faisait référence aux mêmes choses que lui.

–La simplicité n'est pas l'évidence, continuait le médecin. Le simple est ce qu'il reste lorsqu'on a enlevé tout ce qui était inutile, tout ce qui était en trop, tout ce qui nuisait à la compréhension. Le simple est plus complexe à construire, à concevoir que ce qu'on pense. Le simple est ce qui reste après avoir ôté ce qui était compliqué. Regardez l'évolution des technologies de l'informatique. Plus la technique avance, plus l'informatique devient simple, intuitive, facile à utiliser.

–J'ai la même vision que vous, fit le voyageur. Retrouver la simplicité est une vraie manière de rendre le monde plus intelligent, j'en suis convaincu. Tout ce qui est compliqué doit devenir simple ou du moins paraitre simple pour celui qui l'utilise.

–Oui, reprit le médecin, et regarder le doigt quand on vous montre la lune, c'est peut-être faire preuve de sottise mais cela peut-être aussi faire preuve de simplicité.

–Bien, fit le médecin. Si on rentrait pour manger. Je vous ai préparé quelques spécialités locales, simples et succulentes.

Les deux convives eurent un repas joyeux et animé. Le voyageur repensa furtivement au lézard qui, en les entendant, devait se dire « Quelles pipelettes ! ».

Le voyageur se sentait vraiment bien et pouvait imaginer rester dans ce bel endroit encore longtemps. Mais, il devait partir dès qu'il le pourrait, probablement le lendemain, s'il se reposait encore bien cet après-midi.

Une fois le café bu sur la terrasse maintenant ombragée, le médecin prit congés de son invité pour aller travailler dans son cabinet. Il attendait quelques patients dans l'après-midi et il avait quelques tâches administratives à expédier.

Remonté faire un bout de sieste dans sa chambre, le voyageur repensa à la discussion avec le médecin sur le simple et la simplicité. L'humilité faisait aussi partie des valeurs que portait ce médecin. L'assurance dont il doit faire preuve face à la détresse est bien sûr nécessaire pour ne pas grossir encore le flot de doutes qui submergent le patient face à sa maladie. Au plus profond de lui-même, il sait bien la fragilité de leur diagnostic, l'incertitude du résultat, la déficience possible des traitements qu'il préconise. Il ne peut tout maitriser. Une maladie n'est pas un boulon rouillé qu'on doit dégripper. Elle est complexe, impliquant tant de facteurs que l'humilité devant cette complexité humaine qui le surpasse est indispensable. Le voyageur l'avait souvent observé : l'arrogance se marie souvent à l'immobilisme. Plantés dans leurs certitudes, les « immobiles » ont l'assurance de l'imbécile sans plus s'interroger sur ce qui a fondé leurs convictions. Ils cherchent à dominer l'autre et ne l'écoute plus. L'humilité au contraire est la fiancée du changement. Parce que changer c'est aussi changer de manière de faire, de voir, de provoquer les choses. Changer c'est aussi faire preuve de modestie et de simplicité. Le voyageur avait souvent vu lors de ses voyages, les touristes arrogants en visite dans un pays lointain, qui continuent à parler dans leur langue, à vouloir manger les mêmes choses, à conserver leurs habitudes. Ils ne se mettent pas en danger, ne créent pas de lien avec leur nouvel environnement, sont rejetés et finalement ne changent rien, ni pour eux ni pour le pays qu'ils ont traversé, sauf, peut-être quelques cannettes de soda qu'ils y auront laissées. Le nomade en pays étranger commence par écouter, observer, regarder. Il redevient un enfant : il regarde ce qui se passe autour de lui, il mime les comportements des habitants, il goute, il s'essaie à de nouveaux comportements, il se trompe, il recommence. Il se retrouve en apprentissage, simplement parce qu'il se trouve dans un nouvel environnement et qu'il accepte de devoir apprendre de nouveaux comportements en acquérant de nouvelles compétences. Ne serait-ce que pour le langage. Au bout de quelques jours, il connait le B.A. BA de la langue, sait dire « Bonjour », « Au revoir », « Merci », et peut s'émerveiller à nouveau.

Humilité et simplicité font souvent bon ménage. Et le voyageur avait rapproché tout naturellement ces deux valeurs, bien que dans la discussion avec son hôte, ceci n'avait pas été si évident. Maintenant, cela le devenait. Être nomade c'est être simple et faire simple, lui avait dit le médecin. Être et faire simple : comme une idée fixe, une manière de voir et d'être, pour gérer le quotidien plus facilement. Être simple, c'est être soi-même, tel qu'on est, sans fard, sans jeu, sans détours. C'est s'accepter avec ses qualités, ses défauts, ses valeurs, ses émotions. C'est être simplement soi. Être simple, c'est aussi être humble devant la complexité de ce qui nous entoure. Se dire qu'on ne peut pas tout prévoir, tout anticiper, tout maitriser. Simplicité dans la complexité ; un paradoxe ou une solution ? Ce qui est complexe se différencie de ce qui est compliqué en cela que la complexité est imprévisible, inexplicable, indescriptible. Or, la vie est complexe, par définition. Prendre la mesure de cela empêche tout simplement de vouloir dominer ce que nous ne maitrisons pas. Faire simple, face à cette complexité, c'est penser d'abord aux évidences, imaginer que le chemin sera simple pour le rendre simple. Faire simple c'est sentir, faire un premier pas, puis ajuster. La simplicité semble être l'apanage des nomades pour vivre dans un monde complexe qu'ils n'expliquent pas. Ils prennent les événements tels qu'ils viennent, et prennent des décisions simples avec simplicité. Ils se centrent sur l'essentiel : leur priorité, les ressources vitales pour le corps, la nourriture, l'eau, les vêtements. Mais aussi, les ressources vitales pour le cœur - la famille, les amis, la tribu, le compagnon, le mari ou l'épouse, les enfants. Enfin, les ressources vitales pour l'âme – les traditions spirituelles, les croyances, les rites. Le nomade au contraire du sédentaire n'a pas besoin de lieu fixe pour nourrir son corps, son cœur ou son âme : il transporte le tout avec lui. Et quand il doit prendre ses décisions, il le fait avec simplicité en priorisant l'essentiel pour le corps, le cœur ou l'âme. Et le voyageur se remémora une de ses premières randonnées. Heureux d'être là, le nez au vent, l'œil à l'horizon, il marchait d'un bon pas depuis bientôt trois heures. Un besoin pressant se fit sentir. Visant un arbre sur le bas-côté, il sauta, guilleret, par-dessus le fossé. Atterrissant lourdement un mètre plus bas, il sentit ses orteils s'écraser sur le bout de ses chaussures, déclenchant une douleur vive. Une pensée simple sonna à ses oreilles comme un avertissement : « Fais gaffe à tes pieds, gars ! Sinon, tu n'arriveras pas au bout ». Et dans les gîtes d'étapes, tous les matins, tous les randonneurs apportent un soin tout particulier à leurs pieds avant leur départ : ils savent bien qu'une blessure au pied peut sonner le gong de la fin du parcours.

Dans nos décisions du quotidien, avoir des critères simples de choix fondés sur l'essentiel pourrait nous permettre tant de choix plus faciles…

Le voyageur, avant de s'assoupir, prit son carnet et y dessina rapidement un lézard : il écrivit à côté « Penser simple » et les conseils qu'il en tirait.

Penser simple : comment faire ?

- Profite de la beauté de ce qui t'entoure.
- Cherche à enlever plutôt qu'à rajouter.
- Commence par ce qui est essentiel pour ton corps, ton cœur et ton âme.

Le pinson

Aimer l'inconnu

Au moment où il finissait d'écrire dans son carnet, il entendit la grille du jardin s'ouvrir ; un patient pour le médecin, pensa le voyageur. Il se releva et regarda par la fenêtre de sa chambre. Un jeune homme émergea du buis qui encadrait le chemin de pierre de l'entrée, assez lentement pour que le voyageur reconnut à sa manière de s'avancer dans le jardin qu'il connaissait bien l'endroit. S'il avait eu à le décrire, il aurait dit qu'il avait entre vingt et vingt-cinq ans, un grand gars, cheveux longs, quelqu'un d'ici probablement. Sa tenue décontractée n'était ni celle d'un agriculteur, ni d'un fils de notable ; juste décontractée, un jean pas très frais, un tee-shirt sombre et froissé, des baskets avachies, une sacoche kaki sur l'épaule. La mine un peu fermée, pas très avenant, le garçon s'avança, vit le voyageur et d'un signe de tête salua :

– Bonjour. Le toubib est pas là ?

– Si, répondit le voyageur. Il est dans son bureau.

– Ah…. fit le jeune homme, songeur.

– Remarquez ! Vous pouvez peut-être l'attendre si vous voulez ?

– Oui, je vais l'attendre. Je vais m'assoir là ? dit-il en montrant une des chaises de jardin

– Je ne suis pas chez moi, mais bien sûr, asseyez-vous ! encouragea le voyageur. Permettez-vous que je vous tienne compagnie ?

– Si vous voulez, fit le jeune homme sans le regarder.

Le voyageur, partagé entre sommeil et envie de parler avec ce jeune homme, fit l'effort de descendre les escaliers d'un pas plus alerte que le matin. Quel plaisir de remarcher presque normalement !

Entre temps, le jeune homme s'était assis, avait sorti de sa poche un téléphone dernière génération et semblait absorbé par ce qu'il y faisait.

Après quelques minutes de silence gênant, le voyageur tenta d'engager la conversation.

– Vous semblez bien connaitre l'endroit. Vous êtes ami avec le médecin ?

– Non, non. Je le connais depuis longtemps parce qu'il soigne toute ma famille depuis toujours, dit le jeune homme sans lever le nez de son écran.

– Ah ! très bien ! fit le voyageur, ne sachant pas très bien comment relancer la discussion.

Le silence retomba, un peu lourd. Le jeune homme ne semblait pas très enclin à discuter. Le voyageur se dit qu'il était parfois plus facile de discuter avec des animaux qu'avec des humains…

– Je vais me refaire un café. Je peux vous en proposer un ?

– Ah ! Volontiers ! répondit presque brusquement le garçon en souriant. Le voyageur avait, semble-t-il, trouvé là une corde sensible qui avait fait réagir le jeune homme connecté.

– Je n'ai pas beaucoup dormi cette nuit. Alors un café va me faire du bien.

– Je reviens tout de suite, fit le voyageur en clopinant vers la cuisine.

– Vous voulez de l'aide ? interrogea le garçon, voyant la difficulté avec laquelle le voyageur se déplaçait.

– Non, non, je vous remercie. Il faut que je bouge un peu. Cela fait trois heures que je suis là immobile et mes jambes s'ankylosent et comme je dois repartir demain…

Au bout de quelques minutes, le voyageur revint en portant avec précaution un plateau sur lequel il avait déposé la cafetière, deux tasses et du sucre. Il déposa le plateau sur la table avec précaution et invita le jeune homme à se servir.

– Qu'est-ce que vous vous êtes fait ? demanda le garçon au voyageur.

– Oh ! Rien de grave ! Une ampoule infectée.

– Vous faites de la randonnée ?

– Oui. Je marche depuis quelques jours maintenant.

– Et, vous connaissiez le toubib ?

– Non, non. C'est la dame de l'épicerie du village qui m'a indiqué son adresse. Et depuis hier, très gentiment, il m'a offert le gîte et le couvert. C'est un homme très accueillant. Et puis, nous avons eu des discussions captivantes.

– Ah oui ? à quel propos ?

– Je m'intéresse à la sédentarité et au nomadisme.

– … Ah ?! C'est-à-dire ?

– Les valeurs attachées au nomadisme traditionnel me semblent riches d'intérêt. Les nomades sont en train de disparaitre de nos civilisations. Si nous perdons ce qu'ils ont appris, nous risquons d'oublier ce qui a fait leur réussite face aux adversités et à l'hostilité des environnements où l'adaptation est une obligation quotidienne. En fait, je me pose la question de savoir pourquoi on oppose les deux notions. Parfois les nomades sont sédentaires d'esprit et parfois les sédentaires sont nomades d'esprit. Alors, j'ai questionné mon hôte, depuis longtemps sédentarisé ici, sur ce qu'il pensait du nomadisme et les valeurs qu'il y attachait.

– Intéressant, dit le jeune homme. Super intéressant, même. Je passe des
heures face à mes écrans, nuit et jour et j'ai souvent cette impression
d'être ici et ailleurs, de me promener dans un univers qui bouge tout le
temps, de me perdre, de trouver des pistes, des endroits, des gens, de les
perdre, de les retrouver, de me retrouver au même endroit sans savoir
pourquoi.

– Vous parlez d'endroits, de pistes et pourtant ces lieux n'existent pas
réellement ? questionna le voyageur.

Intuitivement, il savait qu'il touchait là un point essentiel de sa réflexion.
Ses neurones se mirent en alerte.

– Et bien, je ne sais pas si vous allez régulièrement sur Internet, mais il y
est très facile de sauter de site en site, pour lire quelques lignes d'un
livre ou d'un article, examiner une photo ou regarder une courte vidéo.
Et quand on le fait, on le fait réellement et virtuellement : ces endroits
existent, les mots écrits l'ont été par de vraies personnes. Derrière toutes
les productions disponibles, il y a du temps et de la matière grise, de la
connaissance, des avis, des opinions, des vérités, des contre-vérités, des
erreurs aussi, comme dans la vraie vie. C'est un espace réel, même si
on le dit virtuel. Un espace situe les événements, les gens et les
relations, et Internet le fait. Avec la géolocalisation, il est maintenant
possible de savoir d'où un bloggeur que vous suivez a posté son dernier
billet.

– C'est vrai qu'Internet, finalement emprunte beaucoup de termes repris
de la « vraie » vie, fit remarquer le voyageur.

– Bien sûr, on visite des sites à des adresses précises, on surfe grâce à des
navigateurs, on ouvre des fenêtres, on cherche les meilleurs débits.

– Oui, c'est amusant. Un peu comme si on avait besoin de se retrouver
grâce à un vocabulaire connu.

– Oui, certainement. Car la manière de se déplacer dans ce nouvel espace
est très différente de nos manières de le faire dans un espace classique.
Parce qu'ici, se déplacer c'est penser. On bouge par l'esprit. La
progression n'est plus linéaire. Elle se fait par une succession
d'embranchements. Connaissez-vous le site Wikipédia ?

– Oui, j'y vais souvent pour vérifier ou découvrir des étymologies,
répondit le voyageur.

– Vous avez donc vu comment cela fonctionnait : à partir d'une page,
vous pouvez cliquer sur un mot, ceci vous emmènera vers une autre

page, dans laquelle vous pourrez là aussi cliquer sur un autre lien qui vous emmènera vers une nouvelle page et cela de manière infinie. C'est vertigineux parfois. On peut faire la même chose sur toute la Toile. Encore un mot concret qui vient décrire cet espace.

Le voyageur ne put évidemment pas s'empêcher de penser à l'araignée qu'il avait rencontrée. Le cybernaute poursuivait, insatiable sur le sujet.

–Cette manière de chercher l'information est très particulière en fait. Si vous choisissez le bon mot-clé, le chemin est facile et vous accédez à ce que vous cherchez rapidement. Si vous n'entrez pas le bon mot, vous serez entrainé dans des dédales desquels vous aurez du mal à vous sortir. Cela demande de penser de manière globale, imagée, métaphorique parfois, et de le faire par itérations tentaculaires.

–Itérations tentaculaires, c'est joli, ça, sourit le voyageur.

–Mais c'est vraiment ça : vous cherchez dans plusieurs directions en même temps, vous poussez la recherche en allongeant un tentacule, tout en continuant ailleurs. Si ça ne vous plait pas, vous pouvez revenir en arrière, explorer à nouveau, découvrir des informations auxquelles vous ne vous attendiez pas, en profiter pour prolonger, approfondir ou garder de côté pour plus tard. Bref, vous faites votre marché, mais un peu comme si vous pouviez comparer, d'une seule enjambée, les prix des tomates de tous les marchands, d'un seul regard, tous les poissons, d'une seule envolée, voir s'il y a un marchand de fleurs pas trop loin de votre emplacement.

–Je comprends et j'aime assez votre image du marché. Je vais parfois sur le marché avec une idée précise de ce que je veux et j'en reviens avec d'autres denrées.

–Oui, exactement. C'est ce qui se passe quand vous êtes sur la Toile. Et puis, ce qui est magique, c'est que l'ubiquité y est possible. On peut se trouver en plusieurs endroits en même temps, lire ses courriels, faire une recherche sur son navigateur préféré, consulter une page pendant qu'une autre est en train de se télécharger, tout en répondant à un message sur un réseau social. Les plus grands penseurs, les plus grands scientifiques, les plus grands philosophes se sont tous frottés à ces principes bizarres. Paul Valéry dans « La conquête de l'ubiquité » qui prévoyait déjà en 1928 la mise à disposition d'une Réalité Sensible à domicile pour les œuvres d'art, Georges Orwell, Aldous Huxley ou encore Dino Buzzati, dans une nouvelle intitulée « Ubiquité » ont laissé

91

de belles traces de ces pensées futuristes. Ce rêve devient aujourd'hui réalité. Les nouvelles technologies rendent possible cette hypothèse improbable.

– Oui, j'ai lu cette nouvelle. Le personnage principal, un journaliste, finit d'ailleurs par ne pas utiliser le don d'ubiquité qu'il a découvert. Pourquoi, à votre avis ?

– Il en voyait plus d'effets négatifs que positifs. Quelque chose de l'ordre de la morale.

– Mais, il y a quelque chose qui me gêne dans cette manière d'être à plusieurs « endroits » en même temps et de naviguer de loin en loin, c'est que nous avons vite fait de passer des heures à tourner sur des sites, à rebondir, à bifurquer pour finir à notre point de départ, sans avoir progressé d'un iota, un peu comme dans un labyrinthe.

– Oui, c'est vrai. Et comme vous parliez de nomadisme tout à l'heure, je fais une très grande différence entre nomadisme et vagabondage.

– C'est-à-dire ? s'étonna le voyageur.

– Le nomade s'est fixé un objectif contrairement au vagabond. Le nomade va d'un endroit à un autre pour y chercher quelque chose, pour y faire quelque chose, pour y accomplir quelque chose. Le vagabond se laisse porter par le mouvement. Autrement dit, la technologie qui nous permet aujourd'hui la mobiquité – la mobilité et l'ubiquité- nécessite de nous assurer de ce que nous cherchons au risque de devenir des vagabonds 2.0. Ces nomades virtuels, les néo-nomades, ceux que j'appelle les nomades 2.0, sont en train de créer, de véhiculer, de promouvoir une nouvelle manière de vivre la réalité et de générer un nouveau monde : partage, solidarité, intuition, conscience, complexité, changement ; autant de valeurs qui viennent révolutionner nos sociétés ; regardez les Printemps Arabes en Tunisie, en Égypte, en Libye aujourd'hui et demain le Yemen, l'Iran, la Chine peut-être ? Et puis, prenez garde : ils ne sont pas toujours derrière leurs écrans. Ils sont aussi dans les rues, dans les arts, dans les bars et dans les gares. Ils sont à vos côtés pour que ce joli virus se propage pour le bien de l'Humanité, termina le cybernaute, très fier de sa conclusion.

– Vous avez l'air en grande discussion, interrompit jovialement le médecin que les deux débateurs n'avaient pas entendu arriver. Comment va, toi ? Ça faisait longtemps que je ne t'avais pas vu, dis-moi. Qu'est-ce qui t'amène ?

–Oh, rien de bien grave. J'ai une douleur au poignet depuis quelques temps. J'aimerais bien que vous regardiez.

–Ça, je te l'ai déjà dit. Tu passes tellement de temps les mains collées sur ton clavier … ! As-tu acheté l'équipement ergonomique que je t'avais conseillé ?

–Heu… non, fit le cybernaute, un peu honteux.

–Bon ! Montre-moi ça.

Le médecin examina rapidement le poignet du garçon.

–Il faut que tu passes des examens pour voir quel est vraiment le problème. Je pense qu'il s'agit d'une tendinite mais je préfère confirmer avec une radio et une IRM. En attendant, je vais te donner un traitement qui devrait te calmer.

Il sortit une ordonnance de sa sacoche, la remplit soigneusement et la remit au garçon

–Voilà, un comprimé à chaque repas et un massage matin et soir avec cette pommade.

Le jeune homme commença à chercher son argent pour régler le médecin

–Tu me paieras les deux consultations quand tu reviendras avec tes résultats. Ne t'inquiète pas. Alors, dites-moi ! De quoi étiez-vous en train de discuter ?

–De nomadisme 2.0, fit le voyageur en souriant.

–C'est un nouveau système informatique ? dit le médecin méfiant.

–Non, reprit le cybernaute. Nous parlions des comportements que généraient les nouvelles technologies de l'information et Monsieur, qui s'intéresse au nomadisme se posait la question de savoir en quoi les gens comme moi qui passent une grande partie de leur journée devant leur écran sont sédentaires ou nomades.

–Oui et nos échanges nous ont emmenés jusqu'à la mobiquité et à l'image du labyrinthe, compléta le voyageur.

–Eh bien ! Dites-moi ! fit le médecin admiratif. Pourquoi l'image du labyrinthe ?

–C'est ce que nous faisons sur la toile ou dans un jeu vidéo, répondit le jeune homme. Nous sommes en permanence plongés dans des labyrinthes. Mais ce qui différencie le monde virtuel du monde réel, c'est la peur qui est absente de nos égarements virtuels.

–Probablement, oui. Se perdre, dans le virtuel, ce n'est pas très grave. Dans le réel, les conséquences peuvent être plus sérieuses, où en tous cas, c'est la perception que nous en avons. Du coup, nous en perdons le sens ; ça ne nous amuse pas de nous perdre dans le réel. Nous en avons peur. Le mental nous empoisonne l'esprit dans ces moments de doute. C'est dommage. J'ai fait un jour l'expérience de me perdre dans un village du Ladakh, en le prenant comme un jeu. Et bien, le jeu en vaut la chandelle : moins pesant, plus émoustillant, et surtout beaucoup plus efficace. Avoir confiance dans son égarement temporaire permet très certainement à l'intuition de prendre plus de place pour nous faire prendre les bonnes décisions.

Le voyageur se souvenait de cette expérience. Leh, capitale du Ladakh en Inde du Nord, fin de journée, il s'enfonçait dans les dédales de la vieille ville. Nez au vent, sourire aux lèvres, il se laissait emmener par les pierres, les détours et les pentes. Ruelles du quartier commerçant, peu de touristes sont présents. Un marché se tient là, les vêtements se succédant aux légumes et aux épices. Les Ladakhis se pressent, le muezzin appelle à la prière dans le quartier musulman, les commerces ferment précipitamment et les fidèles se dépêchent, la nuit tombe. Il presse aussi le pas, les sens en alerte, il débouche sur une place immense où ont lieu les grands rassemblements. La place est vide. Il repère alors la direction qu'il devait prendre pour rentrer. Les impasses se succèdent, les retours en arrière, les écarts imposés par les maisons, il s'éloigne, puis se rapproche, il labyrinthe avec bonheur et inquiétude. La nuit se fait plus épaisse, il se guide aux bruits du torrent proche : l'eau l'attire, puis le bloque : pas de possibilité de traverser la rivière. Un Ladakhi sort alors de sa maison, sauveur miraculeux, lampe torche à la main ; il le voit, comprend sans un mot qu'il est perdu et l'oriente vers le pont qui traverse le torrent à quelques dizaines de mètres de là. Il se retrouve sur une route plus connue, plus dégagée qui l'emmène vers sa destination. Sans cet homme, il aurait probablement fait marche arrière pour se retrouver à son point de départ.

Labyrinther c'est aimer se perdre, c'est aimer ressentir ce petit picotement d'inquiétude, c'est aimer croire qu'on est arrivé et s'apercevoir, en fait, qu'on est loin de l'issue. C'est aimer être dans l'abandon, dans le mouvement maitrisé, c'est aimer faire confiance à tous ses sens, c'est aimer faire confiance à son intuition, c'est aimer accueillir l'inattendu parce qu'il arrive toujours et c'est aimer le voir comme un ami parce qu'il le deviendra.

– Très intéressant. Que comptez-vous faire maintenant ? Je dois retourner en visite.

– Je pense monter me reposer un peu. Et je propose de préparer de quoi diner ce soir, si cela vous convient. Vous restez avec nous ? lança-t-il au jeune homme ?

– Non, c'est gentil ! J'ai lancé mes ordinateurs sur quelques programmes chez moi : je dois veiller à leur bon déroulement.

Le voyageur se leva. Son pied le faisait nettement moins souffrir maintenant. Il s'avança, guilleret, vers la maison.

Avant de s'endormir, il réfléchit à la discussion qu'il venait d'avoir avec le jeune homme passionné de nouvelles technologies. Le cybernaute est le modèle moderne du nomade sédentaire : il flirte avec le temps, il teste des mouvements, des espaces inconnus, il se perd parfois, découvre des choses inattendues, converge vers ce qu'il recherche. Il tâtonne, ajuste et finit par trouver. Intuitif, il explore l'espace, s'attarde sur un site, en change, trouve en quelques clics l'information dont il a besoin, se laisse emporter par les flux RSS auxquels il s'est abonné et ceux que ses semblables lui conseillent. Il se perd, se retrouve et puis repart à la recherche de ce qu'il ne cherche pas. Le plus nomade des réalisateurs, au sens où il avait exploré tous les styles cinématographiques, de *Docteur Follamour* à *Full Metal Jacket*, en passant par la science-fiction avec *2001, l'Odyssée de l'Espace*, le film historique *Barry Lyndon* ou le film violent *Orange Mécanique,* Stanley Kubrick, avait rempli sa maison de… cartons d'archives : archives de décors, de photos de magasins de jouets, de morgues, de tables de chevet. Stanley Kubrick était maladivement attaché à capter, garder, empiler les repères. Il était capable de passer des semaines à chercher une porte d'immeuble qui lui convenait. Il demandait alors à ses collaborateurs de garder trace de tout ce qu'ils voyaient. Prendre des repères pour mieux pérégriner. Les néo-nomades font la même chose en se créant des bibliothèques de favoris. Ils prennent des repères pour plus tard, pour revenir au même endroit s'ils en ont besoin.

Le repérage semblait donc une capacité essentielle pour nomadiser. Être attentif, aux aguets, sensible à ce qui nous entoure, pour enregistrer les signes distinctifs, les nouveaux, les plus lumineux. Le Kairos, que le voyageur affectionnait particulièrement, a donné en latin « *Opportunita* ». Le Kairos se rattache à un certain type d'actions qui doivent être accomplies « à temps » et ne tolèrent ni le retard, ni l'hésitation. Kairos est le temps de l'occasion opportune, un moment où le temps se « densifie », la perception d'un point de basculement presque matérielle. Ces moments-là étaient très particuliers : l'attention était plus forte, la sensibilité aiguisée, les pupilles semblaient grandir comme celles d'un chat aux aguets, le temps semblait se concentrer. En cela les nomades modernes s'apparentaient aux nomades classiques : conscients de l'importance des repères, ils les enregistrent. Conscients de l'incertitude des événements, ils savent saisir l'opportunité lorsqu'elle passe à leur portée.

De plus, comme les anciens nomades, les néo-nomades partagent, ils interrogent, ils donnent leur avis, ils impriment leur propre marque de leur passage, ils laissent leurs traces au profit des autres. Et parfois, ils s'égarent, ils se trompent, s'enferrent dans des dédales numériques pour finalement trouver ce qu'ils ne cherchaient pas *« C'est en se perdant sur Internet qu'on apprend ce qu'on croyait ne pas avoir à savoir »* écrit Jacques Attali dans « Chemins de sagesse-Traité du Labyrinthe ». Le labyrinthe est une merveilleuse métaphore de la progression en terre inconnue. Il représente le passage d'un état à un autre ; d'abord, un rituel funèbre dans toutes les civilisations nomades ou sédentaires il devient aussi un rituel de protection : les nomades dessinaient sur le devant de leur tente des dessins labyrinthiques pour se protéger. Le labyrinthe était là pour éloigner les défunts qui avaient peur de s'y trouver enfermés ; ils s'éloignaient alors et n'ennuyaient plus les vivants. Les labyrinthes des cathédrales, issus des modèles anciens, de symboles de protection sont devenus des symboles de passage vers le Divin. Placés de telle manière à ce que tous les pèlerins y passent, ils assurent à la fois protection et passage. De dédales de protection à message de passage, les labyrinthes sont devenus symboles de jeu : la marelle sur laquelle les enfants poussent un caillou à cloche-pied les fait passer en réalité de la Terre au Ciel, les jardins royaux dans lesquels les courtisans se perdaient en riant. Nos vies semblaient bien ressembler à cela : incertitude, vision restreinte, temps et espace emmêlés, progression difficile à mesurer, retours en arrière, recommencements, découragements, espoirs et rêves, futilité et joie de l'expérience. Décidément, le voyageur se sentait de plus en plus un vrai labyrintheur.

A ce moment, le voyageur entendit un bruit aux carreaux de sa fenêtre. Il se tourna et vit un oiseau qui le regardait avec ses yeux ronds. Il se leva doucement et ouvrit la fenêtre.

– Bonjour bel oiseau. Tu ne serais pas un pinson ?

– Bonjour. Oui. Je suis effectivement un pinson. Vous êtes connaisseur ?

– Non, pas particulièrement. Mais, souvent les petits oiseaux des arbres de nos jardins sont des pinsons. Alors, je n'ai pas beaucoup de mérite. Pourquoi avez-vous cogné à mes carreaux ?

– Je le fais souvent. J'ai parfois la chance de tomber sur quelqu'un qui me laisse quelques miettes de pain ou d'autres choses.

– Oh ? Ne bougez pas. Je dois avoir quelques biscuits dans mon sac.

Le voyageur fouina dans les poches de son sac à dos et y dénicha un paquet de galettes. Il en prit une et l'émietta sur la fenêtre.

– Merci, fit l'oiseau, après avoir prélevé une partie des miettes offertes par le voyageur. C'est très bon.

– Vous avez l'air guilleret. Vous êtes tout le temps comme ça ?

– Je sais que, vous, les hommes disent « gai comme un pinson ». Il doit y avoir une raison ?!

– Vous avez un chant tellement joyeux.

– Merci. C'est gentil.

– Je sais que les chants des pinsons se ressemblent lorsqu'ils appartiennent au même territoire.

– Oui. C'est pour reconnaitre d'éventuels intrus qui viendraient d'ailleurs.

– Ah ! Et vous ? Vous est-il arrivé de changer de territoire ?

– Oui. C'est très amusant. Lorsque là où nous vivons présente moins d'intérêt, nous cherchons d'autres endroits où la vie est plus agréable. C'est très grisant. D'ailleurs. Je songeais à changer de territoire. Cette maison et son jardin sont très agréables mais j'ai envie d'en trouver une autre.

– Ah oui ? Et bien écoutez ! Je vais partir demain matin. Voudriez-vous m'accompagner ? fit le voyageur enthousiaste.

– Pourquoi pas. Où allez-vous ?

– Je rentre chez moi mais il me reste encore quelques jours de marche dans la vallée avant de rejoindre une ville où je pourrai reprendre un train.

– D'accord. Je vous suivrai demain.

– Parfait. Je dois redescendre maintenant. Ravi d'avoir fait votre connaissance. On se retrouve demain matin alors ?

– Avec plaisir ! fit l'oiseau avant de prendre son envol.

Le voyageur redescendit de la cuisine pour préparer le repas. Le médecin entra alors que le voyageur terminait la vinaigrette pour la salade de chicorée, noix, tomates et parmesan qu'il avait préparée. La pintade était au four et les pommes de terre rissolaient gentiment dans le beurre.

—Eh bien, on peut passer à table. Encore un petit quart d'heure pour la pintade. Juste le temps de savourer cette bonne salade, lança le voyageur au médecin.

—Hmm ! Ça sent bigrement bon ! Je vois que le couvert est déjà mis. C'est parfait ! Allons manger ! proposa le médecin toujours d'aussi bonne humeur.

La discussion se poursuivit à table : de la médecine aux événements du monde, de l'informatique à l'Histoire de l'Homme, du nomadisme à la psychologie.

Dans un coin du jardin, le pinson écoutait attentivement …

L'examen de l'ampoule du voyageur par le médecin rassura le voyageur sur son projet de départ pour le lendemain. Après le dîner, les deux hommes se saluèrent pour une nuit réparatrice et certainement labyrinthique.

La lumière du jour et les bruits de la maison réveillèrent doucement notre voyageur. Il se prépara rapidement descendit dans la cuisine où le médecin était en train de prendre son petit-déjeuner.

—Bonjour, cher hôte, lança le voyageur.

—Bonjour, cher nomade, répondit le médecin en souriant. Alors ? Ça y est ? C'est le départ ? Vous êtes décidé ?

—Oui, bien décidé.

Il s'assit pour prendre le café que le médecin lui avait servi et manger une tartine.

—Je ne sais pas comment vous remercier, vraiment ! Vous m'avez accueilli tellement gentiment. Promettez-moi de me faire signe si un jour vous passez par ma ville.

—Promis. Il y a peu de chances mais promis.

—Je compte sur vous. Je vous écrirai quand je serai rentré. Merci mille fois.

Le voyageur chargea son sac sur son dos d'un geste sûr et serra chaleureusement la main de son hôte avant de reprendre la route. Du perron sur lequel était niché l'abri où il avait passé deux nuits, le voyageur contemplait le chemin qu'il avait décidé d'emprunter. Il descendait doucement vers une belle forêt. Il prit son temps pour profiter pleinement de sa promenade en levant les yeux vers le faîtage des grands arbres qui l'entouraient. A tout moment, il s'attendait à voir surgir une fée magnifique sur sa blanche licorne. Les bruissements des insectes sous les feuilles mortes, les oiseaux fuyant son passage en produisant des concerts de percussion dans les arbres, les résonances d'eaux tourbillonnantes sous les racines noueuses des chênes centenaires, toute cette symphonie l'emmenait, l'entrainait, le menait vers cet endroit bizarre où le temps et l'espace ne sont plus que des impressions présentes, la réalité, un flou enchainé, le futur, une hypothèse. Il savait qu'il arrivait au bout de son périple et se remémorait ses rencontres.

Elles étaient tellement incroyables, tellement improbables, tellement imprévisibles, qu'il aurait surement du mal à en parler, au risque d'être pris pour un doux dingue sorti de son nuage. Elles étaient aussi tellement sensées, tellement cohérentes, tellement simples qu'il se disait qu'elles étaient comme un message à transmettre.

L'araignée avait bousculé d'entrée les notions du temps et de l'espace qu'un nomade pouvait avoir. Il voyait dans cet insecte un modèle d'immobilisme, centré d'abord sur son seul espace vital. Et cela préfigurait ce qu'il allait découvrir avec l'escargot : la perception de l'ampleur de l'espace est primordiale dans l'idée que l'on se fait de la sédentarité ou de la mobilité. Le nomadisme se fait à la mesure de ce que l'on connaît. En tous cas, il commence par cela, quitte à élargir son univers petit à petit.

La jument l'avait touché par sa capacité à accepter son statut de « prisonnière libre ». Elle se disait heureuse et épanouie dans un cadre limité par les fils électriques de son champ. Elle lui avait même dit qu'ils avaient créé d'autres règles pour garantir cette liberté : le partage de la nourriture était à la fois un signe de bienvenue et un rituel obligatoire.

Les cigognes, avec leur bonne humeur, l'avait bousculé profondément sur la manière de conduire sa propre vie : rester léger, choisir le chemin le plus favorable et faire du nomadisme un jeu pour abaisser la pression des enjeux qu'il peut provoquer. Savoir s'alléger aussi des vieux démons. Savoir se préparer en ne gardant que l'essentiel pour ne pas risquer de trainer des poids inutiles. Au lieu de s'entêter à rester sur un chemin compliqué, semé d'embûches, et qui ne correspond pas à ce que l'on souhaite, il est préférable de changer de voie pour chercher un environnement plus favorable, plus simple, plus facile et plus en correspondance avec ce que nous sommes capables ou ce que nous souhaitons expérimenter. Les voies compliquées sont rarement les bonnes. La simplicité reste souvent l'apanage des choix judicieux.

Le héron l'avait frappé par sa capacité à rester seul. Et la solitude faisait aussi partie de cette évolution. Le changement, parce qu'il est difficile, devait se vivre seul à un moment donné, pensait le voyageur. Le nomade en permanence confronté à la solitude dans ses difficultés, et ce, même entouré, devait développer des capacités à affronter cette absence pour générer une force solitaire, un courage individuel, une détermination unique pour surpasser les obstacles.

Le moustique blagueur lui avait appris que l'intuition et l'alerte permanente sont le lot des individus en dehors de leur environnement habituel. La méconnaissance d'un nouvel espace demande à rester en éveil, à sortir ses capteurs, à « voir » tout ce qui nous entoure. Dans le mouvement, rien n'est stable, tout bouge. Tout change, rien n'est acquis, rien n'est prévisible. Dans le changement, l'angélisme n'est pas de mise. La règle c'est le « ressort », l'exception, c'est la « roue libre ».

L'escargot, symbole même de la lenteur, lui avait permis de prendre conscience des différences de dimensions spatio-temporelles : un millimètre pour l'un, c'est un mètre pour l'autre, une seconde pour l'un, c'est une année pour l'autre. La lenteur n'était alors que perception, relativité, énergie. Lorsqu'il marchait, le voyageur ralentissait son rythme : il y voyait un intérêt primordial ; voir, sentir, percevoir, entendre ce qu'il ne voyait pas d'habitude. Il lui semblait qu'en réduisant sa vitesse, il décompressait l'espace en même temps que le temps. Et cela produisait des effets de bien-être pour soi et d'attention au monde qui lui semblaient caractéristiques du mode nomade.

Le lézard l'avait bluffé par sa simplicité d'être et d'agir. C'est probablement dans le dénuement et le vide que se trouvaient les plus grands accomplissements.

Le pinson enfin lui avait donné une image gaie du nomadisme : s'amuser à changer pour changer plus aisément.

Quel beau tableau du nomadisme lui avaient dépeint toutes ses rencontres miraculeuses !

Il entendit alors un chant d'oiseau : sur un petit muret, il aperçut son ami le pinson qui pencha la tête pour le saluer, puis s'envola, gaiment. Il écrivit dans son carnet « Aimer l'inconnu » et les conseils qu'il en tirait.

L'inconnu : comment faire ?

- Fais-en un jeu.
- Prends des repères.
- Ressens, essaie et ajuste.

Epilogue

Deux années plus tard, le voyageur avait pris la décision de retrouver les déserts de montagne de la chaine himalayenne. Il s'y plaisait : l'air vif, l'immensité, les plateaux arides, les sommets enneigés et les vallées verdoyantes lui donnaient des ailes, le regonflaient en énergie. Et puis, revenir là entrait dans son processus de reconstruction : revivre les moments qu'il avait vécus lui permettait de se refaire un bout de vie pour en démarrer un autre. Et puis, un peu follement, il se disait que si le hasard faisait bien les choses, il pouvait rencontrer à nouveau l'éleveur de yaks qui lui avait inspiré sa découverte des sagesses nomades. Il se retrouva donc sur le même plateau que deux ans auparavant. Il marcha toute la journée, le cherchant sans rencontrer personne. Voyant le jour décliner, il pressa le pas pour se rendre dans un village qu'il savait proche. Au détour d'un bloc rocheux, le monastère qui surplombait la vallée se découvrit à lui. Le voyageur bifurqua instinctivement pour s'y rendre. Parvenu au pied du monastère, des enfants-moines l'accueillirent en tournant autour de lui, puis prirent la fuite en riant. Il pénétra dans l'enceinte du bâtiment et s'enquit de la possibilité de loger dans une des chambres que les moines parfois louaient aux voyageurs. Il entendit une voix qui provenait d'une pièce sombre dans laquelle il pénétra. Là, un moine, le téléphone portable collé à l'oreille, discutait vivement avec quelqu'un : le contraste était saisissant ! Un moine en habit jaune et pourpre au cœur d'un désert de montagne, au bout de nulle part, un téléphone portable à l'oreille... Le voyageur attendit patiemment la fin de la discussion. Le moine qui parlait quelques mots d'anglais lui souhaita la bienvenue. Le voyageur lui demanda s'il était possible pour lui de loger dans le monastère pour la nuit. Le moine hocha la tête en souriant : il semblait que cela fut possible. Ouf ! Le village semblait encore éloigné du monastère et le soir commençait à tomber. Le moine lui fit signe de le suivre et l'entraina dans les coursives du monastère. Arrivés en haut du bâtiment, le moine invita le voyageur à entrer dans une grande pièce où quelques lits étaient alignés attendant de recevoir les corps fatigués des itinérants. Le voyageur remercia le moine qui quitta la pièce tout en lui indiquant que le repas était prévu bientôt et qu'il viendrait le rechercher pour cela. Dans le fond de la pièce, le voyageur distingua un homme, assez jeune, probablement d'origine tibétaine. Il s'avança vers lui en le saluant, lui demanda s'il parlait anglais. Le jeune tibétain lui répondit :

– Oui, je parle anglais, répondit-il en souriant. D'où venez-vous ?

– Je viens de France mais aujourd'hui je viens de Manali. Phuktal m'a attiré plus tôt que prévu. C'est vraiment un endroit magique ! Quelle sérénité ici !

– Oui, je vous le confirme. J'adore cet endroit. J'y viens souvent.

– Vous habitez loin d'ici ?

– J'habite justement à Manali. Ce n'est pas si loin. Enfin, mes parents habitent à Manali. Alors, quand je viens les visiter, j'en profite pour venir ici.

– Et vous faites quoi dans la vie ?

– Je suis étudiant en médecine à New Delhi.

– Magnifique, fit le voyageur, intrigué de la présence de ce jeune étudiant sur sa route.

– Et vous ? Que venez-vous faire ici ?

– Je ne sais pas trop. Je me sens bien par ici. En fait, je suis venu ici il y a deux ans et j'ai rencontré un nomade dans un endroit proche. Je me disais bêtement que je pourrais peut-être le retrouver.

– Et vous l'avez retrouvé ?

– Non, malheureusement. Je l'ai cherché toute la journée mais sans succès.

– Vous savez. Il est peut-être allé très loin d'ici.

– Oui, je sais. C'était un rêve un peu fou de le revoir deux ans après notre rencontre. J'aurais tant aimé lui dire ce que j'avais engagé après notre échange. Et puis, j'étais curieux de savoir comment il allait.

– Vous connaissez son nom ?

– Il s'appelait Lhundup. Peut-être le connaissez-vous ?

– Ici, il y a beaucoup de Lhundup, vous savez, dit-il avec un sourire désappointé. Non, je ne connais pas de Lhundup, nomade. Mais qu'est-ce que vous vous étiez dit, il y a deux ans ?

– Il m'avait parlé longuement de ce qui caractérisait les nomades et cela m'avait marqué à tel point que depuis deux ans j'ai avancé avec ça en tête.

– Vous pouvez m'en dire plus ? fit l'étudiant intrigué.

– Oui, bien sûr. En tous cas, je peux essayer de le résumer. Mais avant cela, puis-je vous poser une question.

– Avec plaisir ! dit le jeune homme.

– Pour vous, qu'est-ce qui différencie un nomade d'un sédentaire ?

105

Les yeux noirs du jeune homme étincelèrent et un sourire radieux illumina son visage.

– Ça alors ! C'est drôle que vous me posiez cette question !

– Pourquoi ?

– Parce que vous savez, ici, l'histoire du nomadisme est encore très présente : je connais beaucoup de nomades qui deviennent sédentaires et je trouve cela dommage. Je pense que ce phénomène entraine une perte de quelque chose de puissant dans les comportements, dans les valeurs, dans les traditions.

– Intéressant ! fit le voyageur. Et que pensez-vous que ces nomades emmènent avec eux lorsqu'ils se sédentarisent ?

– Eh bien, je pense que des valeurs comme la solidarité, le partage, la priorité aux choses essentielles de la vie, l'adaptation au changement, se perdent dès lors qu'on a un terrain ou une maison, vous ne croyez pas ?

– Si je crois aussi et en même temps je crois que ces aptitudes ne se perdent pas si l'esprit reste nomade même si le corps devient sédentaire. J'ai rencontré des sédentaires qui ont gardé un esprit nomade : un médecin exemplaire de solidarité et d'esprit de partage ou un internaute, prenant le risque de se perdre sur la toile pour y découvrir des merveilles qu'il n'avait pas forcément cherchées.

Le voyageur se dit qu'il ne pouvait décemment pas parler de ses conversations avec ses amis animaux… L'étudiant allait le prendre pour un fou. Il choisit un mode plus classique pour parler de ses rencontres.

– Et puis, le monde animalier nous donne beaucoup d'exemples d'espèces sédentarisées qui conservent cet esprit nomade. Regardez les chevaux. Vous en avez beaucoup ici. Même s'ils ont perdu leur liberté, ils conservent leurs traditions de harde sauvage. L'accueil des nouveaux membres est par exemple strictement régi par un rituel ancestral. L'araignée que l'on croit sédentaire est en fait une nomade, par nécessité : c'est au gré de l'efficacité de ses prises qu'elle déplace sa toile, et elle le fait pour survivre.

– Voulez-vous dire que c'est une erreur d'opposer la sédentarité au nomadisme ?

– Je pense tout d'abord que c'est une erreur de penser que l'humanité se sédentarise. Elle change de mode de nomadisme. Regardez ce qu'il se passe dans les mégapoles, comme Delhi : les déplacements sont nombreux et les gens passent un temps fou en transports de leur domicile vers leur lieu de travail. C'est la même chose dans toutes les grandes villes du monde. Les urbains deviennent des nomades modernes mais cette transition opère des pertes des valeurs nomades au profit de la propriété, de la sécurité à tout prix et de l'individualisme.

– Vous pensez donc que le nomadisme n'est pas mort ?

– Je crois que nous vivons une période de transformation qui nous fera retrouver ces valeurs que nous avons un peu oubliées, mais que nous allons vivre ces valeurs de manière adaptée à notre nouvel environnement. Mon chemin m'entraine vers cette conviction que si l'esprit reste agile, les valeurs du nomadisme peuvent encore nous sauver d'une sédentarité galopante et sclérosante. Et que pour cela, nous devons cultiver au quotidien ce que nos ancêtres chasseurs-cueilleurs nous ont appris.

Le voyageur sortit de son sac son carnet de route où il avait inscrit ses neuf sagesses nomades et les conseils qu'il en avaient tirées.

– Vous me demandiez tout à l'heure ce que nous avions échangé avec Lhundup. Je peux le résumer à ces neuf sagesses qu'il m'a délivrées comme une ordonnance... Et ces neuf sagesses sont d'ailleurs peut-être à l'origine d'une partie de ma délivrance... Ce n'est pas un étudiant en médecine qui me dira le contraire, fit le voyageur en souriant en désignant son interlocuteur.

– Forcément, approuva le jeune homme. Ce sont donc ces neuf préceptes qui vous ont animé pendant deux ans ?

– Et qui continuent à le faire...

– Et pouvez-vous m'en dire un peu plus ?

– Le temps d'abord. Aujourd'hui le temps devient la mesure de tout. Tout s'accélère et tout se mesure avec du temps : la durée de vie, les délais de remboursement des crédits bancaires, les temps de déplacement urbains. Plus le monde se sédentarise et plus nous avons accès au temps : des horloges sont présentes partout, chacun possède une montre ou un téléphone portable pour connaitre l'heure qu'il est, ici ou de l'autre côté de la planète. Comme les nomades, nous raisonnons d'abord en temps plus qu'en espace.

– C'est vrai, remarqua l'étudiant.

– Et plus nous avons accès au temps et plus nous avons l'impression qu'il nous en manque : le temps devient une ressource rare. Nous faisons tout pour éviter d'en perdre : la technologie industrielle ou de l'information nous aide tous les jours à gagner de plus en plus de temps. Nous voulons rallonger encore notre espérance de vie et la science nous le permet, vous le savez bien... Vous travaillez pour cela.

– Effectivement.

– Alors être dans le temps c'est le considérer comme un allié et ceci nous permettra de mieux le vivre et mieux l'utiliser. Nous faisons comme ça avec l'espace que nous occupons.

– C'est-à-dire ?

– Et bien, lorsque nous avons un espace à notre disposition, cette pièce par exemple, nous ne cherchons pas à le remplir ; nous cherchons à l'occuper de manière harmonieuse, à y installer des objets là où il le faut, là où ils sont nécessaires bien sûr mais également là où ils sont beaux et ajoutent à l'espace. Nous sommes capables de faire de même avec le temps : accélérer quand il le faut, ralentir quand nous en avons besoin, concentrer des périodes, en déconcentrer d'autres, avoir une conscience non linéaire du temps : le passé, le présent et le futur se mélangent en permanence. Et nous sommes capables d'appréhender le tout si tant est que nous y fassions attention.

– Passionnant ! Continuez ! encouragea le jeune homme.

– Le partage et la liberté représentent des valeurs typiquement nomades. La sédentarité nous entraine vers moins de partage : chacun sa maison ou son appartement, chacun sa nourriture, chacun pour soi d'abord. Alors si nous voulons revenir vers ces valeurs fondatrices de notre humanité, nous devons aller vers plus de partage. Mais je ne suis pas naïf : le communautarisme a montré ses limites. Pour éviter cela, le partage et la solidarité des nomades sont liés à un respect de règles établies qui permettent alors une plus grande liberté de tous.

A cet instant, le moine entra dans la pièce pour leur signifier que le repas était prêt. Les deux compagnons se levèrent et le suivirent.

– Nous continuerons cette captivante discussion à table, fit le jeune homme.

Une fois attablés devant des assiettes de dalh bath, le plat traditionnel tibétain composé de riz, de lentilles et de curry de légumes, la discussion se poursuivit.

– Alors, où en étions-nous ? questionna le voyageur.

– J'ai cru lire sur votre carnet « Voyager léger ». Cela me semble suffisamment clair. Les nomades voyagent toujours légers : ils ne se chargent que de l'essentiel. Et lorsqu'ils ont le choix, ils prennent l'option du chemin qui leur semble le plus facile, c'est vrai. Mais qu'en tirez-vous comme enseignement ?

– Oh ! Un enseignement tout simple : rester léger, c'est aussi garder l'esprit léger, le corps en alerte et l'âme en éveil. Je crois que lorsqu'on se trouve sur le chemin qui doit être le nôtre, ce chemin est facile. Alors, ne pas s'obstiner sur un chemin chaotique reste pour moi un principe de grande valeur.

– Simple et efficace, je le crois, reconnut le jeune homme. J'ai moi-même fait cette erreur de persister sur un chemin qui ne me convenait pas : depuis que je me suis orienté vers la médecine, tout est plus facile.

– Les trois conseils suivants sont des conseils de sagesse en lien avec le précédent. Pour garder l'esprit nomade, il est indispensable de développer deux forces : savoir vivre la solitude et rester vigilant.

– Là aussi, je vois bien. Mais que pouvons-nous en faire, nous, pauvres sédentaires ? dit le jeune homme en plaisantant.

– Nous avons besoin dans ce monde d'être plus en conscience individuelle de notre impact, plus en lien avec soi pour être plus en lien avec les autres. Ce changement, comme tous les autres, demande de savoir accepter et se nourrir de la solitude ; le changement est un acte solitaire. La sédentarité rend égoïste et conscient de la valeur de ses forces pour soi-même. Le nomadisme rend conscient de la richesse de son individualité pour les autres. Alors ce changement nous emmènera sur des terres inconnues. Et cela nous demandera de savoir rester sur nos gardes. Le monde n'est pas seulement peuplé d'anges bienveillants ; les obstacles peuvent surgir à tout moment. Être en alerte continue permet à la fois de se prémunir mais aussi de savoir saisir, de sentir les opportunités. C'est une grande qualité.

Pendant tout ce temps, le jeune homme avait fini son assiette alors que celle du voyageur était encore pleine.

– Mais je vous fais parler. Vous allez manger froid ! Mangez donc ! lui intima l'étudiant. Vous avez inscrit aussi « Ralentir » c'est bien cela ?

Le voyageur approuva par un signe de tête en mangeant son dalh.

– Ça me semble assez simple, en tous cas, simple à comprendre, dit l'étudiant. De là à l'appliquer, c'est une autre histoire. Remarquez !

C'est ce que je fais en venant ici régulièrement. C'est ce que vous faites aussi quand vous marchez. Ça fait du bien de retrouver cette sensation du temps qui passe. Mais dès qu'on se retrouve dans la vie quotidienne, cela représente une vraie difficulté. Nous sommes tous entrainés dans un courant qui nous empêche de marquer le temps sur un rythme plus lent, ce rythme si nécessaire à notre bien-être et à la prise de recul.

– Oui mais nous avons la possibilité de le faire en reprenant la maitrise du temps qui est sous notre contrôle, dit le voyageur entre deux bouchées. C'est très simple de ralentir le temps. Il suffit de ralentir son corps et ses pensées. La méditation, le yoga, la marche lente sont des pratiques faciles à exercer n'importe où.

– Et si j'en crois ce que vous avez dit tout à l'heure à propos de votre premier conseil, reprendre la maitrise du temps en le ralentissant permet de découvrir cette temporalité unique du passé, du présent et du futur.

– Exactement, acquiesça le voyageur, en finissant son assiette.

– Pour le neuvième conseil, je vais avoir besoin de vous en revanche. Qu'est-ce que vous entendez par « Aimer l'inconnu » ?

– De tous temps, les nomades utilisaient le labyrinthe comme un rituel de passage qu'ils traçaient devant leurs tentes pour conjurer le mauvais sort. Le labyrinthe servait à éloigner les défunts qui avaient peur de se retrouver enfermés à l'intérieur. C'est intéressant de voir que certains mandalas ont la forme de labyrinthes.

– Oui, c'est vrai. Et selon vous, pourquoi cette capacité doit être « réapprise » ?

– Lorsque vous vous trouvez plongé dans un labyrinthe, la peur peut vous prendre de ne jamais pouvoir en sortir. L'espoir peut aussi naître d'imaginer se trouver proche de la sortie. La déception de vous en éloigner alors que vous croyiez toucher au but peut vous envahir, autant que la surprise de découvrir enfin que vous en étiez proche. Le lâcher prise nécessaire pour évoluer dans un labyrinthe, l'acceptation d'en faire un jeu et la persévérance sont autant de qualités indispensables dans un monde de plus en plus complexe. Internet est configuré comme un labyrinthe, je ne sais pas si vous l'avez remarqué : vous allez y chercher quelque chose et puis, si vous vous laissez entrainer, par jeu, vous pouvez explorer virtuellement des milliers d'environnements et y découvrir des merveilles inattendues. La pensée des technologies de l'information est une pensée nomade : elle représente une pensée moderne, aléatoire, itérative et exploratoire, qui aide à l'éveil et permet un apprentissage permanent. Alors, oui, aimer l'inconnu est une qualité nomade qui va nous aider à vivre et à inventer notre nouvelle vie.

– Si nous faisions un tour dehors ? proposa le jeune homme.

– Très bonne idée, répondit le voyageur.

Ils se levèrent tous deux, ramassèrent leurs couverts et leur assiette pour les rapporter en cuisine, remercièrent leurs hôtes chaleureusement et sortirent sur l'une des coursives extérieures du monastère. Une vue époustouflante s'offrit à eux ; le soleil était en train de décliner derrière une paroi rocheuse. Comme des faisceaux de projecteur, la lumière qu'il produisait transformait la vallée en un paysage improbable fait d'ombres, de poussières et de reflets dorés. Accoudés au parapet, les deux compagnons poursuivirent leur discussion.

Le jeune homme prit un temps puis, posément, doucement, dit au voyageur :

– Il existe un personnage célèbre qui apparait dans de nombreux contes tibétains. Milarépa est un bouddha vivant, joyeux, à la peau verdâtre et à la communication très directe. Dans l'un de ces contes, Milarépa se sépare d'un de ses disciples qui doit retourner dans sa région d'origine. Après de multiples recommandations, Milarépa dit à son disciple : « Je dois te donner un dernier enseignement. Il est capital et très secret ». Milarépa relève alors sa robe rouge et montre ses fesses à son disciple. Celui-ci un peu surpris, ne comprend pas. Milarépa lui dit alors « Quand tu penseras à moi, pense à mes fesses ! J'ai tellement médité sur ma pierre qu'à la place de ma peau, j'ai maintenant de la corne aussi dure que celle des sabots d'un cheval. Souviens-toi d'elle quand ta détermination faiblira ! ». Quand ta détermination faiblit, pense à cette force-là. Tu verras. L'énergie reviendra.

Le voyageur sourit, les larmes aux yeux.

– Magnifique ! Encore une belle sagesse. Cela me fait penser qu'il y a peut-être plus de neuf sagesses nomades. Il y en a peut-être dix-huit ou vingt-sept ou plus encore, qui sait ? Mon chemin est loin d'être fini. Merci d'avoir été là ce soir.

– Merci à vous, fit humblement le jeune étudiant. Je me souviendrai longtemps aussi de nos échanges. Tenez !

Le jeune homme sortit un carnet de voyage de sa poche et le tendit au voyageur.

−Je vois que votre carnet est déjà bien plein. En voici un nouveau. Pour vos prochaines marches.

Le voyageur prit le carnet avec émotion.

−Prenez mon carnet alors. J'ai tout en tête maintenant. Qu'il vous accompagne un bout de chemin !

Le soleil s'était couché et le froid de la nuit himalayenne enveloppait maintenant les deux compagnons. Ils rentrèrent doucement se mettre à l'abri dans le paisible monastère.

Méditations

Neuf sagesses, vingt-sept conseils et autant d'occasions de progresser sur le chemin du nomadisme moderne.

Le premier jour, assurez-vous d'être tranquillement installé. Relisez le premier conseil. Faites ensuite le silence en vous et méditez sur ce que le conseil vous inspire durant une dizaine de minutes, yeux fermés. Répondez ensuite aux deux premières questions :
- *Quelles sont les situations dans lesquelles vous respectez ce conseil ?*
- *Dans ces situations, qu'est-ce qui vous permet de réussir à respecter ce conseil ?*

Notez les réponses que vous aurez obtenues directement dans votre livre.

Le lendemain, relisez le premier conseil. Faites le silence en vous, méditez cinq minutes sur ce qu'il vous inspire, yeux fermés. Répondez aux deux questions suivantes :
- *Quelles sont les situations dans lesquelles vous n'y parvenez pas ?*
- *Pourquoi ?*

Notez les réponses que vous aurez obtenues directement dans votre livre.

Le surlendemain, relisez le premier conseil. Faites le silence en vous, méditez cinq minutes sur ce qu'il vous inspire, yeux fermés. Répondez à la dernière question :
- *Qu'est-ce qui vous permettrait d'y arriver plus souvent ?*

Notez les réponses que vous aurez obtenues directement dans votre livre.

Laissez passer quelques jours avant de passer au deuxième conseil et recommencez le même processus en trois jours.

Une fois les vingt-sept conseils visités, relisez régulièrement vos réponses et observez ce qui a bougé en vous.

Être dans le temps

1 – Être dans le temps

Concentre-toi sur le présent : c'est là que réside l'énergie.

Quelles sont les situations dans lesquelles vous respectez ce conseil ?

Dans ces situations, qu'est-ce qui vous permet de réussir à respecter ce conseil ?

Quelles sont les situations dans lesquelles vous n'y parvenez pas ?

Pourquoi ?

Qu'est-ce qui vous permettrait d'y arriver plus souvent ?

2 – Être dans le temps

Accorde-toi au temps de la nature

Quelles sont les situations dans lesquelles vous respectez ce conseil ?

Dans ces situations, qu'est-ce qui vous permet de réussir à respecter ce conseil ?

Quelles sont les situations dans lesquelles vous n'y parvenez pas ?

Pourquoi ?

Qu'est-ce qui vous permettrait d'y arriver plus souvent ?

3 – Être dans le temps

Pense que le temps dépend de l'intensité que tu lui attribues

Quelles sont les situations dans lesquelles vous respectez ce conseil ?

Dans ces situations, qu'est-ce qui vous permet de réussir à respecter ce conseil ?

Quelles sont les situations dans lesquelles vous n'y parvenez pas ?

Pourquoi ?

Qu'est-ce qui vous permettrait d'y arriver plus souvent ?

Rester libre

4 – Rester libre

Evalue la solidité de la corde qui cherche à te retenir.

Quelles sont les situations dans lesquelles vous respectez ce conseil ?

Dans ces situations, qu'est-ce qui vous permet de réussir à respecter ce conseil ?

Quelles sont les situations dans lesquelles vous n'y parvenez pas ?

Pourquoi ?

Qu'est-ce qui vous permettrait d'y arriver plus souvent ?

5 – Rester libre

Vois les barrières comme des sécurités, pas comme des entraves.

Quelles sont les situations dans lesquelles vous respectez ce conseil ?

Dans ces situations, qu'est-ce qui vous permet de réussir à respecter ce conseil ?

Quelles sont les situations dans lesquelles vous n'y parvenez pas ?

Pourquoi ?

Qu'est-ce qui vous permettrait d'y arriver plus souvent ?

6 – Rester libre

Ta pensée est créatrice : libère-la et tu créeras ta liberté

Quelles sont les situations dans lesquelles vous respectez ce conseil ?

Dans ces situations, qu'est-ce qui vous permet de réussir à respecter ce conseil ?

Quelles sont les situations dans lesquelles vous n'y parvenez pas ?

Pourquoi ?

Qu'est-ce qui vous permettrait d'y arriver plus souvent ?

Voyager léger

7 – Voyager léger

Donne la priorité à ce qui est vital

Quelles sont les situations dans lesquelles vous respectez ce conseil ?

Dans ces situations, qu'est-ce qui vous permet de réussir à respecter ce conseil ?

Quelles sont les situations dans lesquelles vous n'y parvenez pas ?

Pourquoi ?

Qu'est-ce qui vous permettrait d'y arriver plus souvent ?

 **8 – Voyager léger**

Jette régulièrement les poids du passé

Quelles sont les situations dans lesquelles vous respectez ce conseil ?

Dans ces situations, qu'est-ce qui vous permet de réussir à respecter ce conseil ?

Quelles sont les situations dans lesquelles vous n'y parvenez pas ?

Pourquoi ?

Qu'est-ce qui vous permettrait d'y arriver plus souvent ?

9 – Voyager léger

Ni attachement, ni détachement : trouve la troisième voie

Quelles sont les situations dans lesquelles vous respectez ce conseil ?

Dans ces situations, qu'est-ce qui vous permet de réussir à respecter ce conseil ?

Quelles sont les situations dans lesquelles vous n'y parvenez pas ?

Pourquoi ?

Qu'est-ce qui vous permettrait d'y arriver plus souvent ?

Vivre la solitude

10 – Vivre la solitude

Offre- toi un moment de solitude une fois par jour

Quelles sont les situations dans lesquelles vous respectez ce conseil ?

Dans ces situations, qu'est-ce qui vous permet de réussir à respecter ce conseil ?

Quelles sont les situations dans lesquelles vous n'y parvenez pas ?

Pourquoi ?

Qu'est-ce qui vous permettrait d'y arriver plus souvent ?

11 – Vivre la solitude

Prends soin de toi pour prendre soin des autres

Quelles sont les situations dans lesquelles vous respectez ce conseil ?

Dans ces situations, qu'est-ce qui vous permet de réussir à respecter ce conseil ?

Quelles sont les situations dans lesquelles vous n'y parvenez pas ?

Pourquoi ?

Qu'est-ce qui vous permettrait d'y arriver plus souvent ?

12 – Vivre la solitude

Même seul, tu es entouré

Quelles sont les situations dans lesquelles vous respectez ce conseil ?

Dans ces situations, qu'est-ce qui vous permet de réussir à respecter ce conseil ?

Quelles sont les situations dans lesquelles vous n'y parvenez pas ?

Pourquoi ?

Qu'est-ce qui vous permettrait d'y arriver plus souvent ?

Rester vigilant

13 – Rester vigilant

Ecoute ton intuition

Quelles sont les situations dans lesquelles vous respectez ce conseil ?

Dans ces situations, qu'est-ce qui vous permet de réussir à respecter ce conseil ?

Quelles sont les situations dans lesquelles vous n'y parvenez pas ?

Pourquoi ?

Qu'est-ce qui vous permettrait d'y arriver plus souvent ?

14 – Rester vigilant

Agis sans défiance, ni confiance aveugle

Quelles sont les situations dans lesquelles vous respectez ce conseil ?

Dans ces situations, qu'est-ce qui vous permet de réussir à respecter ce conseil ?

Quelles sont les situations dans lesquelles vous n'y parvenez pas ?

Pourquoi ?

Qu'est-ce qui vous permettrait d'y arriver plus souvent ?

15 – Rester vigilant

Et si l'opportunité passe, sache la saisir

Quelles sont les situations dans lesquelles vous respectez ce conseil ?

Dans ces situations, qu'est-ce qui vous permet de réussir à respecter ce conseil ?

Quelles sont les situations dans lesquelles vous n'y parvenez pas ?

Pourquoi ?

Qu'est-ce qui vous permettrait d'y arriver plus souvent ?

Partager

16 – Partager

Accepte que l'espace que tu occupes ne soit le tien que provisoirement.

Quelles sont les situations dans lesquelles vous respectez ce conseil ?

Dans ces situations, qu'est-ce qui vous permet de réussir à respecter ce conseil ?

Quelles sont les situations dans lesquelles vous n'y parvenez pas ?

Pourquoi ?

Qu'est-ce qui vous permettrait d'y arriver plus souvent ?

17 – Partager

Donne sans attendre ni merci, ni cadeau en retour.

Quelles sont les situations dans lesquelles vous respectez ce conseil ?

Dans ces situations, qu'est-ce qui vous permet de réussir à respecter ce conseil ?

Quelles sont les situations dans lesquelles vous n'y parvenez pas ?

Pourquoi ?

Qu'est-ce qui vous permettrait d'y arriver plus souvent ?

18 – Partager

Transmets ce que tu sais

Quelles sont les situations dans lesquelles vous respectez ce conseil ?

Dans ces situations, qu'est-ce qui vous permet de réussir à respecter ce conseil ?

Quelles sont les situations dans lesquelles vous n'y parvenez pas ?

Pourquoi ?

Qu'est-ce qui vous permettrait d'y arriver plus souvent ?

Ralentir

19 – Ralentir

Prends ton temps

Quelles sont les situations dans lesquelles vous respectez ce conseil ?

Dans ces situations, qu'est-ce qui vous permet de réussir à respecter ce conseil ?

Quelles sont les situations dans lesquelles vous n'y parvenez pas ?

Pourquoi ?

Qu'est-ce qui vous permettrait d'y arriver plus souvent ?

20 – Ralentir

Fais souvent des pauses pour examiner d'où tu viens et où tu veux aller

Quelles sont les situations dans lesquelles vous respectez ce conseil ?

Dans ces situations, qu'est-ce qui vous permet de réussir à respecter ce conseil ?

Quelles sont les situations dans lesquelles vous n'y parvenez pas ?

Pourquoi ?

Qu'est-ce qui vous permettrait d'y arriver plus souvent ?

21 – Ralentir

Si tu veux changer, ralentis d'abord, comme pour prendre un virage

Quelles sont les situations dans lesquelles vous respectez ce conseil ?

Dans ces situations, qu'est-ce qui vous permet de réussir à respecter ce conseil ?

Quelles sont les situations dans lesquelles vous n'y parvenez pas ?

Pourquoi ?

Qu'est-ce qui vous permettrait d'y arriver plus souvent ?

Penser simple

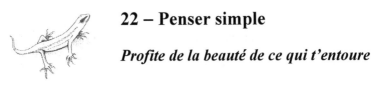

22 – Penser simple

Profite de la beauté de ce qui t'entoure

Quelles sont les situations dans lesquelles vous respectez ce conseil ?

Dans ces situations, qu'est-ce qui vous permet de réussir à respecter ce conseil ?

Quelles sont les situations dans lesquelles vous n'y parvenez pas ?

Pourquoi ?

Qu'est-ce qui vous permettrait d'y arriver plus souvent ?

23 Penser simple

Cherche à enlever plutôt qu'à rajouter

Quelles sont les situations dans lesquelles vous respectez ce conseil ?

Dans ces situations, qu'est-ce qui vous permet de réussir à respecter ce conseil ?

Quelles sont les situations dans lesquelles vous n'y parvenez pas ?

Pourquoi ?

Qu'est-ce qui vous permettrait d'y arriver plus souvent ?

145

24 Penser simple

Commence par ce qui est essentiel pour ton corps, ton cœur et ton âme.

Quelles sont les situations dans lesquelles vous respectez ce conseil ?

Dans ces situations, qu'est-ce qui vous permet de réussir à respecter ce conseil ?

Quelles sont les situations dans lesquelles vous n'y parvenez pas ?

Pourquoi ?

Qu'est-ce qui vous permettrait d'y arriver plus souvent ?

Aimer l'inconnu

25 – Aimer l'inconnu

Fais-en un jeu

Quelles sont les situations dans lesquelles vous respectez ce conseil ?

Dans ces situations, qu'est-ce qui vous permet de réussir à respecter ce conseil ?

Quelles sont les situations dans lesquelles vous n'y parvenez pas ?

Pourquoi ?

Qu'est-ce qui vous permettrait d'y arriver plus souvent ?

26 – Aimer l'inconnu

Prends des repères

Quelles sont les situations dans lesquelles vous respectez ce conseil ?

Dans ces situations, qu'est-ce qui vous permet de réussir à respecter ce conseil ?

Quelles sont les situations dans lesquelles vous n'y parvenez pas ?

Pourquoi ?

Qu'est-ce qui vous permettrait d'y arriver plus souvent ?

27 – Aimer l'inconnu

Ressens, essaie et ajuste

Quelles sont les situations dans lesquelles vous respectez ce conseil ?

Dans ces situations, qu'est-ce qui vous permet de réussir à respecter ce conseil ?

Quelles sont les situations dans lesquelles vous n'y parvenez pas ?

Pourquoi ?

Qu'est-ce qui vous permettrait d'y arriver plus souvent ?